百年巨匠

独树一帜倾九城

大师 尚小云

Century Masters
Shang Xiaoyun

百年巨匠 国际版 系列丛书

王卫华 ◎ 编著

敦煌文艺出版社

图书在版编目（CIP）数据

独树一帜倾九城：大师尚小云 / 王卫华编著. ——
兰州：敦煌文艺出版社，2019.11
ISBN 978-7-5468-1835-1

Ⅰ. ①独… Ⅱ. ①王… Ⅲ. ①传记文学－中国－当代
Ⅳ. ① I25

中国版本图书馆 CIP 数据核字（2019）第 248472 号

百年巨匠 国际版系列丛书

独树一帜倾九城

大师尚小云

王卫华　编著

总 策 划：马永强　杨继军
项目负责：余　岚　赵　静
统筹策划：徐　淳
责任编辑：杜鹏鹏
艺术监制：马吉庆
装帧设计：李晓玲　禾泽木

敦煌文艺出版社出版、发行
地址：（730030）兰州市城关区读者大道 568 号
邮箱：dunhuangwenyi1958@163.com
博客（新浪）：http://blog.sina.com.cn/lujiangsenlin
微博（新浪）：http://weibo.com/1614982974
0931-8773148（编辑部）　　0931-8773112（发行部）

兰州华峰印刷有限公司印刷
开本 720 毫米 ×1020 毫米　1/16　印张 10　插页 1　字数 147 千
2020 年 1 月第 1 版　2020 年 1 月第 1 次印刷
印数：1 ~ 3000

ISBN 978-7-5468-1835-1
定价：48.00 元

如发现印装质量问题，影响阅读，请与出版社联系调换。
本书所有内容经作者同意授权，并许可使用。
未经同意，不得以任何形式复制转载。

目录 Contents

第一章 少年时期：戏剧是个打出来的行当

2 第一节　剧是个新兴的戏种
6 第二节　尚家的祖先很荣光
10 第三节　南宫有个尚家庄
13 第四节　那王府里去当差
15 第五节　"庚子之乱"的1900年
17 第六节　王爷有颗仁慈的心
19 第七节　偶然常常成就特色
21 第八节　最严酷的培训叫戏班
26 第九节　大师教才站得高飞得高
29 第十节　"正乐三杰"好兄弟
33 第十一节　提携最力是菊师

第二章 成年：拜遍名师求艺精

38 第一节　参加春合社
42 第二节　与龚云甫同演《母女会》
45 第三节　拜师杨小楼学武戏
49 第四节　"三江一白"下江南
53 第五节　娶妻生子
57 第六节　拜师王瑶卿学习《失子惊疯》
62 第七节　入宫唱戏
65 第八节　写新戏
71 第九节　中西结合的摩登伽女
76 第十节　名角的范儿

82	第十一节	创办协庆社
87	第十二节	帮衬富连成
93	第十三节	"四大名旦"一团和气

第三章　创宗立派正当时

98	第一节	开宗立派的必备条件
106	第二节	创办科班的原因
110	第三节	创办荣春社科班
113	第四节	荣春社的教学
119	第五节	有一种倒下叫创立

第四章　心血献给新中国

126	第一节	组建尚小云剧团
130	第二节	失败的《洪宣娇》
132	第三节	八年巡演
137	第四节	投身大西北
144	第五节	以苦为乐度人生

153　参考文献
154　后　记

第一章

少年时期：戏剧是个打出来的行当

SHAONIAN SHIQI: XIJU SHIGE DACHULAI DE HANGDANG

尚小云的时代，京剧艺术已很繁荣了，第一代大师已经诞生。在这样的背景下，尚小云是如何站在前人的肩头，开出自己的戏派，也成为一代宗帅的呢？谈人生，看传记，为的是什么？是以他人的经历为镜，找寻自己人生应走之路。我们当从尚小云的人生中寻找什么呢？

第一节

京剧是个新兴的戏种

尚小云，是民国时期"四大名旦"之一。

尚小云，与另三大名旦梅兰芳、程砚秋、荀慧生一道，经历了中国京剧的鼎盛时期；但他却比另三大名旦更不幸，因为"四大名旦"中，只有他完整地经历了"文革"。

谈人生，看传记，为的是什么？是以他人的经历为镜，找寻自己人生应走之路。我们当从尚小云的人生中寻找什么呢？

尚小云的时代，京剧艺术已很繁荣了，第一代大师已经诞生。在这样的背景下，尚小云是如何站在前人的肩头，开出自己的戏派，也成为一代宗师的呢？

一代宗师是如何炼成的？当是本书要探讨的问题。

我们大多数的有志者，鲜有机会成为第一代的开创者，但可能成为后来的成功者。如何站在前有成功者的领域里成为又一个成功者？从这个意义上讲，对尚小云先生一生的回顾，令人兴趣盎然！

更有趣的是，一代宗师，往往饱读诗书，学富五车。可尚小云先生却没有上过正规的学堂。这样的文化背景，他的学识又是如何养成的呢？

现在，让我们走进尚小云的世界。当然，从基础知识开始。

戏剧，起源于远古时期的村社宗教仪式。中国远古时代的巫舞、傩舞等，是中国戏剧的雏形。

从中国戏剧史上说，谈真正的戏剧，要从北宋时的杂剧开始谈，此前的表演是单一性而非综合性的艺术表演。

北宋的杂剧，在金成为院本，在元又成了杂剧。在南宋发展出的南戏，到了明清两代，又衍生出了传奇和小说。到了清中叶，地方戏发展迅速。京城里的皇帝、王爷、贵族，好的是南戏而来的昆曲，称为"雅部"；其他的地方戏在京城也很繁荣，称为"花部"（也叫"乱弹"）。

如果说元杂剧的成熟是中国戏剧发展的第一次高潮，明嘉靖至清乾隆年间的明清传奇为中国戏曲发展的第二次高潮，那么清中叶以后京剧及各地方戏的兴起，则是中国戏曲发展的第三次高潮。这次高潮的特点之一，是京剧的形成并取代昆曲和秦腔占据了京城乃至天津、上海等主要大城市的戏剧舞台，并在百年内出现了诸多流派，多代宗师。

清代戏曲发展的情况我们也做一个回顾：

明末，作为地方戏曲的徽州声腔已开始流行。它之所以流行，是因为其有二黄调。二黄调沉着稳重，凝练严肃，它的导板（倒板）、慢板（慢三眼）、原板、垛板、散板、摇板、回龙等板式发挥起来让人感到荡气回肠，深远幽雅。

到了清朝道光年间，四喜、三庆、和春及春台四个徽班从众徽班中脱颖而出,以各自的特有风采成为佼佼者。当时民间的说法是:"三庆班的轴子、四喜班的曲子、春台班的孩子、和春班的把子。""轴子(读咒)",为戏曲界行话,指折子戏中的轴心剧目。用现代语解释一下这个民间说法,意思是说三庆班的剧目好看,常做大轴(兼有擅长演有头有尾整本大戏的意思)。"曲子"是指昆曲,意思是说四喜班擅长演昆腔的剧目。"孩子"指童伶,意思是说春台班的青少年演员让人赏心悦目。"把子"是指武戏,意思是说和春班的武戏火爆。

到了咸丰年间,各班再有长进。这时四喜班引入了西皮调。西皮起源于秦腔,在清代成为汉剧的主调。西皮曲调活泼、欢快,唱腔刚劲有力,节奏紧凑,非常适合表现欢乐跳跃、坚定、愤懑的情绪。三庆班老生程长庚曾以二黄调在戏剧界渐占上风,当西皮调渐渐看好时,四喜班长于西皮之老生张二奎又露出头角,张二奎便与程长庚及春台班以做工取胜之老生余三胜鼎足而立,西皮、二黄(简称"皮黄")的曲调成了主流,为京剧的形成奠定了基础,甚至京剧在形成后业界也有将京剧直接称为"皮黄"的。从行当讲,到了同治、光绪年间,各班的生、旦、净、丑皆人才济济。

如果以高朗亭为中国京剧的第一代,三庆班(含小荣椿科班)培养出了中国京剧的第二代名伶,如陈德霖、钱金福、张淇林、卢胜奎等。

京剧早期的名伶还有张二奎、王瑶卿、龚云甫、路三宝等。京剧界的先辈们,从表演、唱腔、念白、音乐、服饰等方面,将京剧从孕育融合期(1780—1840)、形成期(1840—1883)推进到了成熟期(1883—1917)。尚小云出生于1900年,正值京剧的成熟期。而他成名立万时,则进入了京剧的鼎盛期(1917年之后)。当时京剧多在戏园里演出,戏园里吃喝谈笑的宴乐之风颇盛,嘈杂无序,不像王府宅第里那样清净,所以京场开场就要用锣鼓压倒杂声,并且不断用强烈的锣鼓、高亢的声腔、浓郁的技艺因素来保持压倒性的演出效果,同时又要保留适合堂会上清唱的高雅的琴弦、唱腔和曲目,留存和发展好京剧高雅艺术的特质。在这样的背景下,"综合性、虚拟性、程式性"成了京剧的三大特性,"唱、念、做、打"成了京剧表演的四项基本功。行当也从早期的生、旦、净、末、丑、武行、流行（龙套）七行,向生、旦、净、丑四行渐变。这里的"唱"指歌唱;"念"是具有音乐性的念白,二者相辅相成,构成京剧表演艺术两大要素之一的"歌";"做"指舞蹈化的形体动作;"打"指武打和翻跌的技艺,二者相互结合,又构成了京剧表演艺术的"舞"。"歌"与"舞"一结合,京剧就成了十分歌舞化的戏剧,成了世界上很有独特性的艺术,成了中国的国粹。

好,普及一下京剧知识就相当于开场锣鼓。开场锣鼓敲过了,本书的主角尚小云要登台了。

第二节

尚家的祖先很荣光

　　1900年1月7日（清光绪二十五年岁次己亥年腊月初七），尚小云出生于北京市安定门内法通寺草厂大院。父尚元照，河北省南宫市人，汉军镶蓝旗人，平南王尚可喜之后，曾任蒙古王爷那彦图府中执役。母张文通，亦望族之后。尚小云乳名德泉，从男孩排行第二，上有大姐金环、大哥德海，下有三弟德福、四弟德来、五弟德禄（即尚富霞）。

　　这段文字信息量极大。

　　首先，尚小云是平南王尚可喜的后代。

　　尚可喜是一个很有看点的历史人物。他有争议，因为他在明朝时就投向了后金，即后来的清朝。尚可喜祖籍是山西洪洞人，世代农民。他的曾祖父名叫尚生，举家迁到了北直隶衡水(现在河北省东南的衡水),到了祖父尚继官时,迁至辽东海州(现辽宁省阜新市)。明万历三十二年(1604)八月初一尚可喜就生于辽东的海州。

尚可喜排行兄弟五个中的第四。当时后金(也就是后来的清)兴起,尚可喜刚满十八岁时就遇到了后金入侵辽沈。父亲尚学礼,带着全家到辽西松山避难,逃难中母亲去世。没有了母亲也就没有家,父亲毅然带领五个儿子加入了明军,在辽东巡抚王化贞麾下服役。父亲尚学礼后来成为明军都司毛文龙的部下。毛文龙在辽东率军进攻后金的镇江,杀后金守将并进驻皮岛,设立东江军镇,尚学礼就驻守在了皮岛。尚可喜自己则在明天启三年(1623)参加了明军水师。第二年他赴皮岛去找父亲,其父当时的官职已是游击。他把尚可喜带到了毛文龙面前。毛文龙见尚可喜长得十分英俊,又是自己爱将的儿子,当即认他为义孙,赐名永喜,收入军中。

然而喜无双至,祸不单行。尚可喜父子团聚后不久,尚学礼在与后金军交战时阵亡。毛文龙便任命尚可喜为列将,将尚学礼所部交他统领。明崇祯四年(1631)十月,皮岛发生兵变,东江总兵黄龙被部将耿仲裕、王应元等拘禁,登州总兵沈世魁就代行其军权。这时,尚可喜闻讯率部赶回皮岛,镇压兵变,杀耿仲裕、王应元等带头兵变者,帮黄龙夺回了军权。事后,黄龙提拔尚可喜为游击。

崇祯三年(1630)一月,明末爆发了席卷大半个山东的吴桥兵变。吴桥即现在的河北省沧州市吴桥县,当时属于山东。叛军首领为孔有德,兵变后他率军杀向山东半岛,驻登州的明将耿仲明也加入叛军行列。这时黄龙率尚可喜等为数不多的几个游击苦苦支撑,不断反击叛军。明崇祯六年(1633)二月,明军攻克登州,孔有德、耿仲明率残部投靠了后金,叛乱算是平息了。黄龙驻守旅顺,尚可喜因功升为副将,驻在广鹿岛。然而当年七月,投降了后金的孔有德、耿仲明引后金军杀进旅顺,黄龙兵败自杀,尚可喜率部在海上节节抵抗,勉强站稳了阵脚,但他的两位夫人及家眷、侍婢等数百人在战火中葬身海底。

黄龙去世后,在皮岛兵变中一度掌摄军权的沈世魁当了东江总兵。他同情当年兵变者,开始陷害尚可喜。明崇祯六年(1633)他将尚可喜骗到皮岛,准备加害。尚可喜因为提前得到部下的通知,才得以脱险。这样,在第二年的正月初一,尚可喜率军民万余人航海投向了后金。四月十日,尚可喜来到盛京(后金都城,现在的沈阳),皇太极出城门三十里相迎,将他的军队称为"天助兵",将尚可喜被俘家族中还能找到的27人交给尚家,封尚可喜为总兵官。尚可喜就这样被逼叛变了明朝,从此走向了忠心于新主人之路。

明崇祯九年、清崇德元年(1636),皇太极改国号为大清,加封孔有德恭顺王、耿仲明怀顺王、尚可喜智顺王,并将海州赐给尚可喜为封地。

明崇祯十三年至十五(1640至1642),清军与明军进行了为期两年的松(山)锦之战,清皇太极取得最终胜利,明军所守的松山、锦州、塔山、杏山四城皆失陷,关外明军精锐损失殆尽。在战斗中,尚可喜追随皇太极,多立战功。清设立八旗汉军,尚可喜被编入汉军镶蓝旗。

明崇祯十七年、清顺治元年(1644),明辽东总兵吴三桂"冲冠一怒为红颜",以山海关降清,大败农民义军李自成,清兵入关。清军入关的队伍中就有尚可喜部,是年他40岁。他率军追李自成至望都,再与吴三桂随英亲王阿济格沿长城而下,占领了李自成侄儿李锦所据的延安,再出武关进兵至湖广、江西,追击李自成余部。李自成在九宫山被杀后,尚可喜班师北京,奉命回驻海州。

顺治三年(1646)他与孔有德、耿仲明进攻湖南。顺治六年(1649)封平南王,赐金印、金册,与封为靖南王的耿仲明合兵二万,进军广东。途中耿仲明部下违反军法,耿仲明畏罪自杀。清廷命两路大军均由尚可喜指挥。尚可喜占领广州后,在广州建了府第,逐一肃清南明的军队,为清朝在广东建立了统治。他在广东驻守了26年,重建礼乐文教,发展农业,不断打击郑成功等沿海抗清势力。

尚可喜是康熙皇帝一直耿耿于怀的三藩之一(另两个是云南的平西王吴三桂、福建的靖南王耿精忠),但他是三藩王中一个没有野心的藩王。顺治十二年(1655)尚可喜就上疏要求归老辽东,但顺治皇帝认为"全粤未定",挽留他继续留任。到了康熙十二年(1673),在十八年间,他已上疏11次,请求回辽东养老,建议由长子安达公尚之信镇守广东。最后这次获得了康熙皇帝的同意。在同意尚可喜退休后,康熙同年对三个藩王下达了撤藩的诏书。吴三桂接到诏书,即打起"复君父之仇""兴明讨虏"的旗号,起兵反清。

这时的尚可喜,接到撤藩的诏书后既未心生叛意,在吴三桂叛乱、南方(包括耿精忠和自己麾下的部将)纷纷响应时,还接受康熙帝给予的镇南王封号,以广东之地牵制十余万叛军无法全心北上;在广东十郡已被叛军占领四郡时,他在尚府后院堆满柴火,准备在叛军攻入时举火自焚。在危急中,康熙十五年(1675)二月,儿子尚之信发兵围困父亲府邸,夺了军权,响应吴三桂的叛乱。尚可喜闻讯即悬梁自尽(但被人救下)。同年十月二十九日,尚可喜在广州去世,享年73岁。临终前他令诸子把皇太极所赐冠服取出,穿戴好后扶他起来,向北叩头,说:"吾死之后,必返殡海城,魂魄有知,仍事先帝。"说完死去。康熙皇帝闻讯震悼,赐谥号曰"敬",是为"平南敬亲王"。

这就是尚小云祖先中最荣光的一位,但他的经历也给后裔尚小云带来不少麻烦。

第三节

南宫有个尚家庄

祖上是荣光的,但荣光不一定是永远的。

现在让我们来看看尚小云的故乡南宫,看看尚家庄。

南宫属于河北,河北是尚可喜曾祖父尚生举家从山西迁来的地方。尚生迁到的地方是北直隶衡水(现在河北省东南的衡水市),距同属河北的南宫仅54.5公里。

南宫现属于河北省邢台市,为县级市。

河北,古为冀州,是大禹划定的九州之一。

南宫,位于河北的东南,如从上古时说起,尧帝的儿子丹朱就生活和安葬于此。春秋战国时,这里叫东阳,属于晋国。西汉高祖刘邦,在这里设了县,以孔子七十二贤之一的南宫适(读括)的姓来命名。

至于尚家庄,就在南宫市西6里地处。庄子不大,全村耕地1472亩,主产小麦与棉花。

村里老一辈人说,明代永乐三年(1405)有一个叫尚斌的,来此开荒,其后代在此繁衍成村,所以叫尚家庄。史书载,从明洪武三年至永乐十五年近50年的时间里,从山西洪洞大槐树下发生过大规模的官方移民18次,主要迁往京、冀、豫、鲁、皖、苏等18个省500多个县市。由此估计,尚斌与尚可喜的曾祖父当是一同到河北来的,说二人有亲属关系,倒也十分可能。

再回过头来看尚可喜。其第七子尚之隆娶顺治帝哥哥的女儿,晋封和硕额附(汉称驸马);他的儿子又娶了当朝亲王的女儿,也是驸马。尚可喜的后代有14个男丁与皇族联姻,先后有150多人在朝中做高官。尚氏后代考证认为,尚小云就是尚可喜第七子尚之隆的后裔。

尚可喜的长子尚之信在"三藩之乱"中发动兵变取代父亲尚可喜掌了兵权,并协同吴三桂反清,后又降清。开始康熙皇帝仍让他袭爵平南亲王,加封太子太保,命其在南方剿平两广境内吴三桂余部。清康熙十九年(1680),康熙帝又赐尚之信自尽,终年52岁。尚可喜的其他儿子都生活得很好。如二儿尚之孝,先授都统,承袭平南亲王。后授平南大将军,以内臣入直,官居一品,食正一品俸禄。后又为宣义将军。康熙三十五年(1606)正月,卒。第七子尚之隆,官至领侍卫内大臣。

尚小云一支出自尚可喜的第七子尚可隆,尚小云爷爷尚志铨是尚可喜的十世孙,他爷爷那会儿家族还全在广东,尚志铨为广东清远县(位于广东中部,南与广州接壤,现为广东省面积最大的地级市)县令。尚志铨为官清廉,生前既没有世袭到祖上的爵位,死后也没有留下多少财产,他的儿子尚元照当然也没有继承到他的名位与财富,于是带着全家到了河北,来到了与衡水不远的南宫县(今南宫市)。尚家庄就成了尚小云的祖籍所在。

上文已说,1900年元月7日,即光绪二十五年(己亥)十二月初七日,尚元照与妻子张文通的二儿子尚小云出生,是为尚可喜十二世孙,当时名字叫尚德泉。有材料说尚小云是生在尚家庄的,但他生于北京市安定门内法通寺草场大院的说法应当是准确的。因为这时的尚元照,在京城北城宝钞胡同的蒙古王爷那彦图的王府当差。

能在王爷府里当差,至少说明此人有来头。尚元照属汉军镶蓝旗,看来这个名头还是有一点用的,说尚元照最后当了那王府的总管,这也不是没有可能的。

第四节

那王府里去当差

那王爷,也是个有趣的人,说到尚小云的成功,得先说说他。

那王爷叫那彦图,字钜甫,1867年12月2日(清同治六年十一月初七)生,蒙古赛音诺颜部人,是成吉思汗的第二十七代孙。其祖先帮助清廷平定厄鲁特叛乱有功,被封为扎萨克亲王,并且"世袭罔替",历代袭封。该家族还两次娶公主为妻,那彦图父亲达尔玛是怡亲王载垣的女婿。

清同治十三年(1874),那彦图袭第七代扎萨克亲王爵位,人称"那王"。他一出生就很高贵。他可以随意出入皇宫。他因为比光绪皇帝大四岁,因此从小就是光绪皇帝学骑射的伴读。他长大后娶了庆亲王奕劻的女儿为妻。他历任清廷御前大臣、领侍卫内大臣、八旗都统、上驷院大臣。上驷院是清代内务府所属的三院之一（三院是上驷院、奉宸苑、武备院），掌管宫内所用之马。1898年6月那彦图补授阅兵大臣。

那彦图与庆亲王奕劻均为慈禧太后的红人，1900年8月，八国联军攻陷北京城，慈禧太后和光绪皇帝西逃，那彦图率兵沿途护驾。庆亲王奕劻则留于京城与八国联军谈判。1903年4月，庆亲王奕劻升任军机大臣，把自己原任的銮仪卫事务大臣、镶黄旗满洲都统让女婿那彦图充任。

1909年1月，那彦图等奏准创办殖边学堂，参与创办蒙古实业公司。1910年5月，清朝设立资政院，以那彦图为钦选议员。清帝退位后，那王爷出任大总统府副都翊卫使，乌里雅苏台将军（未到任），授上将军衔，还担任了国会议员及1917年临时参议院副议长。

那王爷是1938年去世的，他生前一大爱好就是美食。他从老丈人庆亲王奕劻那儿学来了做"香白酒"的要领，在那王府如法炮制，长年饮用。那彦图还喜欢吃"卫水银鱼"。卫水，即天津水域，盛产一种小银鱼，与鸡蛋一同炒着吃最佳，故被定为贡品。雍正年间在皇宫任过事的潘荣陛写过一本《帝京岁时纪胜》，书中记载："京师九月有'草桥荸荠大于杯，卫水银鱼白似玉'。"那王爷其他喜欢吃的有熊掌、松花江鱼等等。由此想来，尚小云后来对美食既爱好，又有研究，怕是与其父在那王府当差学来不少那王的爱好有关，也与自己在那王府的亲身经历有关。

尚家靠上了那王府，看似生活有了保障，实则好景不长。

第五节

"庚子之乱"的 1900 年

1899 年,义和团运动从山东、直隶、河南迅速向山西、内蒙古以及东三省等地蔓延。

1900 年 1 月 24 日,清廷发布上谕,立 15 岁的溥儁为大阿哥(太子),放出了废黜光绪皇帝的信号。这引起各国不满,各国使馆纷纷发来照会,表示只承认光绪。这时,镇压了戊戌变法的军机大臣荣禄来向慈禧报告,说洋人有心想扶持光绪帝上台,要让太后下台;毓贤等大臣又进见慈禧,称义和团可用。1900 年 1 月,慈禧以光绪帝的名义发布了维护义和团的诏令。有了太后这一道诏令,义和团开始进京,传帖也到处流传:"不下雨,天发干,都因教堂遮住天。"义和团接着开始了大规模的烧教会、杀教士、抵制所有外国事物的排外运动。6月21日,清政府以光绪的名义,向英、美、法、德、意、日、俄、西、比、荷、奥十一国同时宣战,这样义和团及清军开始围攻各国在北京东交民巷的使馆。50天,东交民巷的外国使馆硬是没有打下来,朝廷没有等来外国使馆被攻克的消息,等来的却是保护使馆的英、法、德、意、奥、美、日和沙俄组成的两万人的八国联军。8月16日晚,八国联军已基本占领北京全城。慈禧万般无奈,在八国联军占领北京全城的前一天,8月15日,化装成农妇,带着光绪皇帝等,从神武门逃出北京,逃向西安。

1901年9月7日,负责谈判的李鸿章代表清政府签署《辛丑条约》,向各国赔付总计4.5亿两白银的战争赔款,史称"庚子赔款"。条约约定,此款由关税及盐税中扣付。这个数目意味着当时每个中国人要付一两白银的赔款,而1900年清政府年度的财政收入仅为8000万两银子。

1900年为农历庚子年(鼠年),所以这个事件旧史叫"庚子之乱",现代史称之为"八国联军侵华战争"。

八国联军攻入北京,先在城内烧杀抢掠三天,继而开始搜捕义和团成员。八国联军在北京城内烧杀抢掠,让京城每个角落都在燃烧,上上下下都受到洗劫。皇宫成了外国军队驻扎的军营,皇家财物也被抢走;各王府的人也被抓被打被杀被欺凌。北京有200多家当铺,只有四家没有被抢;被烧的房屋和杀害的人更不计其数。那王府应当也没有例外,财产损失不少。尚家当时的财产也尽毁于战火。之后国家就一直处在动荡中,那王府也处于困境中。1905年,尚元照在动荡的时局中去世。

第六节

王爷有颗仁慈的心

在 1905 年时,尚小云本来已入私塾读书识字。可父亲尚元照一去世,家里的日子就困难无比了。全家五个儿子一个女儿,全靠母亲张文通一人来养活。她主业是缝补衣服,副业则还会去拣废纸、肥子儿。肥子儿是一种植物的籽儿,学名叫皂角,又名皂荚,它结的果实叫荚果,黑色,如蚕豆大小,性粘,可以代替胰子、碱洗衣服。清末民初,妇女们会用它和刨花掺在一起,用水泡了,用作梳头油。张文通是大家闺秀,且知书达理,能吃苦耐劳到这个份上,实在令人敬佩。当时家里最好吃的东西当属干撒面粥,张文通说过,"我的德泉(尚小云原名)小时候最爱吃干撒面粥"。那时候的尚小云,还听不得鸡叫。鸡儿一咕咕,他的肚子就咕咕。

但一个女人的力量真的是有限的，在两年的贫困生活中，尚小云的姐姐尚金环和四弟尚德来相继去世了，哥哥尚德海离家出走，下落不明。

张文通万般无奈，让尚小云放弃了私塾的学习，带他来到那王府，请求把尚小云典给那王府，像他父亲一样，在王府里当个差。那王爷还真不错，同意了，并付了一笔典钱给张文通，留下了尚小云。

尚小云进那王府时才7岁，但7岁的尚小云，已长得目清目秀，手脚麻利，十分讨人喜欢。还有一点，他随着王爷看一出戏，回头就能哼哼唧唧唱上几句，道白唱腔还真像那么回事。有一天，那王爷让人把张文通叫来了。那王爷对她说，你儿子可是块唱戏的料，在我这里是可惜了了的。他的典钱你就免还了，你带他去找个戏班子学戏去吧。那王爷推荐的是李春福的戏班子，相信那王爷还手书了便条一张。

古人有爱惜人才、举荐人才的传统，这种传统让好多穷困家庭的人才脱颖而出。

那王爷正是这样，他的仁慈之心竟成就了京剧的一代开派宗师。

尚小云成名后，他和母亲把那王和福晋的寿诞记得牢牢的，尚小云总是在他们生日，去那王府唱一个晚上的堂会戏。尚小云凡新排尚未公演的戏，又总是先在那王府献演。那王六十寿辰，在王府举办了堂会戏，大轴就是尚小云新排的《玉堂春》。它至今都被梨园行和老辈子戏迷津津乐道，并被专业研究者列入20世纪有名的精彩堂会戏。这是章诒和在《尚小云往事——写给不看戏的人看》里的一段描述。

第七节
偶然常常成就特色

尚小云7岁时的北京城,京剧已成气候。慈禧太后喜欢京剧,时常召京剧班子进宫演出。北京城的满汉王公大臣及八旗子弟,则流连于北京外城的广和楼、太平园、裕和园等戏园子,捧角玩儿票,使京剧名伶十分走红。

张文通想,儿子走京剧演员之路,说不定能给家里带来一条新的出路。为此,她借着那王爷给出的这条路,不仅带着7岁的尚小云(当时叫尚德泉),还带上他5岁的弟弟尚德福,一同来到了李春福的戏班子。(注:另一种说法是,张文通没有送尚小云去那王府,而是带着尚小云和三弟尚德福直接去了富连成科班学艺,但遭班主叶春善拒绝。然后她又带着尚小云和尚德福拜京剧名艺人李春福为师学戏,习老生。）

　　李春福，直隶人。生于同治三年（1864）。他的特长是唱京剧的老生。不过张文通有自己的想法，她觉得儿子尚小云身体孱弱，她要求李春福教他学武生，好把他的身子骨顺带着锻炼出来。当时戏班子所收学员年龄为6~11岁，坐科年限一般为7年。学员是量才录用的，按气质、性情、嗓音、扮相、体态等不同条件，由班主划归不同行当，不能自己挑三拣四。但李春福可能是看在那王爷的面子上，依从了张文通的要求，让尚小云习武生。

　　这是一个很偶然的事件。但就是这个偶然——她母亲的不情之请和李春福的迁就，让尚小云日后有了"文戏武唱"的特点。后来尚小云改学旦角，还成了"四大名旦"之一，然而就武功而言，他是四大名旦中武功最扎实的。他的武功和"文戏武唱"，是尚小云的旦角区别于其他名旦的重要标志，也为尚派艺术奠定了刚健挺拔的基石。

第八节

最严酷的培训叫戏班

李春福也是有慧眼的。他很快发现尚小云（当时还叫尚德泉）很有戏剧表演天分。他觉得自己这个班子只是个戏班，好苗子当送进有科班的戏班子去深造，可博个科班出身。

他想到了刚刚成立的三乐班。

三乐班是个有根底的科班。李莲英是票友，他的继子李际良也是票友。李际良官至五品，在兵部任职，在办公事之余，他与薛固久（河北梆子老生，艺名十二红）、孙佩亭（河北梆子生角，艺术十三红）三人合办了三乐科班，学制为 7 年满科制。

中国戏班培养学员的办法可以说是全世界最严厉的，

甚至可以说是最严酷的。这首先表现在立生死关书（合同）上。在李春福带着尚小云母亲和尚小云兄弟俩来到李际良的科班后，李际良拿出了学艺的生死关书让尚小云的母亲签。

尚小云的生死关书是这样写的：

> 立关书人张文通，今托友人情愿将亲生儿子尚德泉送进三乐科班学艺，七年为满，再帮师一年。学艺期间，学生吃穿由社供给。四路生理，天灾人祸，车轧马踏，投河觅井，悬梁自尽，各听天命，不与班社相干。背师逃走，双方寻找。半路退学，赔偿七年损失。空口无凭，立字为证。
>
> 立关书人：张文通
> 中保人：李春福
> 光绪三十三年四月十五日立

光绪三十三年即1907年，当时尚小云才7岁。

中国戏班子培养学员的严酷其次表现在"进科班就意味着挨打"。

尚小云是三乐班首届学员，首届生徒（学员）以"三"字排名，尚小云那时就叫了"尚三锡"。

他进了三乐班，开始仍习武生，他的武功教练是赵春瑞。一天三遍功，是雷打不动的。赵春瑞手把手教，拿顶、下腰、劈叉、耗山膀、跑圆场、毯子功、把子功、架子功、水袖功、翎子功、帽子功、甩发功、靠功、扇子功，这一练就是9个月。赵春瑞要求还很严，无论三伏还是三九，学员练习他总站在一边，哪个学员哪里做不到位，他上来就是一戒尺。

9个月下来，检验一下学习成果吧。他给了尚小云一个角色，让他演京剧传统剧目《郑州庙》里的黄天霸。《郑州庙》讲的是清代清官施世纶破案的故事。从剧情看，黄天霸的戏份很重，尤其是武功戏很多，看得出赵春瑞对尚小云的看重和希望。

《郑州庙》演出成功。但赵春瑞看出尚小云一场戏下来，体力实在不行。他想，如果尚小云哪天正式出科登台演出了，那会是一连几天、一天几场的连轴转的，那时候，他的体力一定支撑不了的。他把自己的担心告诉了戏班另一位教师陈四。陈四是教花脸的，是净行的教师。陈四说，那就让尚三锡跟我学吧。就这样，尚小云改为净行。不过他跟着陈四学了一出《空城计》后，陈四又有了新想法。他觉得尚小云的特点是相貌英俊，嗓音极脆。这个脆脆的嗓音与花脸的唱法不是一个路数，但唱个花旦倒是不错呢。他就对尚小云说："来，喊个小嗓听听。"京剧旦角习惯上是用小嗓子即假嗓子（又叫"阴嗓"）唱的，所以陈四有了这么一个要求。尚小云就唱了一嗓子。陈四一听，又脆又甜，连连点头。他马上找赵春瑞商量说，尚三锡扮相不错，小嗓音条件也好，不如就让他学旦角吧？

旦角，是指戏曲中的女性形象。清代严禁官员狎妓，也禁绝女伶，因此戏中所有旦角均由男性扮演。旦角分为青衣、花旦、刀马旦、武旦、老旦、花衫等类别，其中青衣又叫"正旦"，多表现端庄稳重的中青年妇女，以唱功见长；花旦多表现年轻活泼俏皮伶俐的小家碧玉或丫鬟，以做功和念白见长；刀马旦表现女将或女帅，一般要扎大靠（背上插着旗的武将的战服），表演上重靠把功架；花衫则是青衣、花旦、刀马旦艺术的综合（如《霸王别姬》中的虞姬）；武旦表现身怀武艺的江湖女子或神怪精灵，多穿紧身衣服，表演上重翻打（如《白蛇传》中的青蛇）；老旦表现老年女性，用本嗓唱念，多重唱功。再细分一下，就花旦而言，又可分为闺门旦、玩笑旦、泼辣旦、刺杀旦等。闺门旦，扮演的是还没有出嫁的少女，其性格内向、腼腆，与正旦接近；玩笑旦，扮演的是喜剧、闹剧中爱说爱笑、好打好闹的人物；泼辣旦，扮演的是举止放荡、说话锋利的女性；刺杀旦，则有两种,一是刺杀别人的,一是被别人刺杀的。此外,花旦还有"大花旦"和"小花旦"之说,大花旦扮演的是豪门里的丫鬟使女;小花旦扮演的是小户人家的闺秀或丫鬟使女。由此看来,旦角的技艺也很强,不输武生。

两位教师一同找到班主李际良商量,李际良点头同意,把尚三锡转给了教师唐竹亭。唐竹亭一见尚三锡就十分喜欢。他看到尚三锡长相很像当时的名角孙怡云,就把尚三锡改名为尚小云。至此,尚德泉有了尚小云的名字,且一直叫到老。

唐竹亭,对尚小云喜欢是喜欢,但要求更严格。他的学生几乎每天都要挨打。唱功不到家挨打,做功不到家挨打,台上台下举止不对也要挨打。他出现在学员面前时,手里总握着一把戒方(长尺余,宽寸把,二三分厚),不打人时作为拍板,用以指挥唱腔节奏;一看哪个学生学的不对头了,上来就是一下,这时戒方就成了体罚学生的工具。

学旦角,首先学跷功,唐竹亭把跷(木制假脚)用裹脚布绑在尚小云前脚趾前。然后让他穿上特制的小鞋,脚尖向下,顶着跷,笔直地站起来,这叫站跷。开始是站在地上,再后来就站在长板凳上的长方砖上。再后来,就是站在侧立的砖上。膝盖是不能弯的,不小心弯一下膝盖,唐竹亭的方戒就打了过来。

过了站跷关,就开始跑圆场。跑圆场不是用脚跑,而是踩着跷跑。要求达到的标准是,快、稳、美。跑要用碎步,两腿不能分开,上身不能摇摆。唐竹亭要求尚小云,两腿间夹一枚铜板,跑几个圆场下来,铜板必须还"黏附"在两腿间才算合格。

跑圆场后还要练眼功,尚小云的眼功是眼睛跟着手上的香转而练出来的。再就是唱功、念功,尚小云练到了对着窗户纸,唱完、念完纸上没有从口中喷出来的唾沫。

然后唐竹亭就开始教戏了。有一天中午,唐竹亭给尚小云排练《落花园》一剧。《落花园》讲的是唐德宗时,奸相卢杞逼迫陈家将女儿陈杏元献出去与番邦和亲的故事。尚小云学的是陈杏元。唐竹亭先示范唱了一遍,然后让尚小云学唱。尚小云学唱时,他眯缝着眼坐在靠椅上,手持戒方有板有眼地打着节拍。当尚小云学唱"西皮二六板"的唱段"蒙神圣保佑我性命未丧/又谁知落在了夫人花墙"时,因唱腔婉转多变,他反复几遍都没唱准。唐竹亭顿时暴跳如雷,霍地起身,大声训斥:"你笨得要死!"他言出手到,戒方已捅到了尚小云腹部。这一下用力过大,戒方竟生生刺入腹部,等他拔出戒方时,尚小云的肠子也露出了腹外,血流如注,伤口上还有不少木刺。尚小云很快昏倒在地。唐竹亭看了一下说:"抬走,回家摘刺去吧。"其他学生急忙将尚小云抬往医院。医生敷药包扎后,大家再把尚小云抬回宿舍养伤。后来伤口虽愈合了,尚小云却留下了会打嗝的后遗症。

这时尚小云做了一件让唐竹亭对他另眼相看的事。

尚小云最大的个性是遇到困境不低头。在养伤期间,尚小云并没有记恨老师,而是利用养伤的时间,针对自己的短板,苦练唱功,攻下了《落花园》里的难点。这天,他伤愈归队。唐竹亭叫出了他试唱。唐竹亭自己先唱了一遍,尚小云再唱,有板有眼,唱得十分传神。唐竹亭有点吃惊了,他问:"你小子这次为什么学得这么快?"尚小云毕恭毕敬地回答:"这是老师一戒方教训的结果。"唐竹亭不由地感叹说:"尚小云,你小子是会有出息的!"

要追述一句的是,唐老师后来不能教戏了,生活变得很困难。唐老师去世的时候是尚小云去为他发丧,为他办理的后事。尚小云说,受老师滴水之恩,学生当涌泉相报。

第九节

大师教才站得高飞得高

站得高就会看得远,飞得高就会格局高。要站得高就要站在大师的肩膀上,要飞得高就要得到众大师们的教导。

李际良看到尚小云显出有出息的样儿,就格外高看他,给他找了多个师傅。

教尚小云青衣的是孙怡云。

孙怡云出生年月不详,现仅知道他出身于梨园世家。《清代伶官传》记载,说他"年甫弱冠,声名已出陈德霖之上"。弱冠是指男子 20 岁,这段文字是说他 20 岁时名声就超过了深得慈禧太后喜欢的青衣演员陈德霖。光绪二十一年(1895)十二月初二日,他与老生曹永吉、小生马全禄、花脸穆长久、丑角王长林、老旦熊连喜六人同被选入升平署进宫承差。他常与有老生"后三鼎甲"之誉的谭鑫培、孙菊仙、汪桂芬合作演出，1912年11月，谭鑫培第五次赴沪演出，应邀青衣即为孙怡云。他年近中年时，就到三乐班执教青衣。

青衣，前文已说到，又叫"正旦"，多表现端庄稳重的中青年妇女，以唱功见长。尚小云能得到孙怡云的教导是他求之不得之事。孙怡云传授给尚小云的是传统青衣的"口紧字松"（重腔不重吐字）的唱法。业余时，还传授了他书画的技艺。

尚小云的另一位教师是田桂凤。田桂凤生于同治六年（1867）十二月初五日，字桐秋，北京人，天津科班出身。他"口白流利，喜寓讥讽"，很得观众喜爱，是著名的京剧旦角。说他著名，一件事就能证明。按梨园旧规，花旦戏是不能担当大轴的。有一次，他与谭鑫培同台，他演出《拾玉镯》，排在倒数第二，即压轴戏；谭鑫培演《失街亭》，排最后，是大轴。但那天田桂凤因故来迟了（不是故意的），谭鑫培只好先上。观众听了谭鑫培的戏后，以为大轴都上了，田桂凤的戏这次是没有了，纷纷起身准备离场。不料接下来田桂凤的戏《拾玉镯》又开场了。这次花旦戏在不经意间成了大轴戏，改变了旦戏不能成大轴的旧规，也让田桂凤有了"古今第一花旦"的美誉。

田桂凤对尚小云也竭尽所能，教他花旦戏。业余之际，田老师教尚小云的则是古玩鉴赏。

尚小云还有一个老师是方秉忠。他咸丰六年（1856）生，安徽人，是清光绪年间最负盛名的笛师。他16岁就随父亲方国祥进宫吹下手笛。父亲去世后接替父亲进了清廷的升平署。他常与光绪一同演出，光绪帝敲鼓，他吹笛。他的另一长项是昆曲，他受聘三乐班是让他教授昆曲。他让尚小云掌握了昆曲的技艺。

此外教过尚小云的教师还有戴韵芳、张芷荃，这两位教青衣；李敬山，教的是花旦；丁连升、张朱麟，教的是刀马旦。有这么多么名家来教，尚小云进步哪能不快！几年下来,他唱、念、做、打各技艺大有长进。他发音用嗓清亮激越,吐字行腔洒脱爽朗,棱角分明,又于阳刚中见柔媚;在表演上,重豪爽,多英姿,圆场如疾风回旋,趟马(骑马的表演技巧)如大漠盘鹰。小小年纪,一上台,刚健跌宕的唱腔与清靓的扮相、利爽的舞姿相辉映,极夺人心魄。

第十节

"正乐三杰"好兄弟

1912年元旦,中华民国成立。2月12日,清帝下诏逊位。

这一年,后来的京剧荀派创始人荀慧生,随着师傅庞启发一同进了三乐班。

尚小云是加入三乐班社当学员的,荀慧生是师傅被聘为教习而带艺入科的,这是两人的不同。荀慧生当时有个艺名叫"白牡丹"。他俩是河北人,荀慧生是东光县人。他俩还同年生,荀慧生只比尚小云大两天。不过尚小云为人仗义,与慧旬生相比,长得高大粗壮一些,荀慧生显得书生气文弱一些,到了后来竟是荀慧生叫尚小云大哥了。

三乐班还有一个好,就是很包容。三乐班不但有京剧班子,还有河北梆子班。荀慧生当时的长项是河北梆子戏。

两个年龄相仿的孩子很快玩到了一块。荀慧生从尚小云处学习了皮黄,尚小云向荀慧生学习了梆子。

1913年,三乐班又来了一个河北籍的小学员,叫赵桐珊。他比尚小云和荀慧生小一岁,不过8岁时就离开家乡武清县(今天津市武清区)进京学艺了。他先学梆子,后习青衣,还有了一个艺名叫"芙蓉草"。

在赵桐珊进社这一年,参与创办该社的孙佩亭和薛固久退出了,李际良就将社名改成了正乐社,把社址从宣武门外大石桥赶驴市染房内迁到了崇文门外五老胡同的一个大院里。

在正乐社,三个孩子都十分杰出,常同台演出,且演的都是旦角,他们被称为"正乐三杰"。尚小云这时已能主演全戏《义烈奇缘》了,且昆曲、梆子、京剧都能演,被称为"文武昆乱不挡"。

"文武昆乱不挡"即文戏、武戏、昆曲、乱弹(昆曲以外的京剧、梆子等)都行,尚小云小小年纪,竟有"文武昆乱不挡"之誉,可以证明他当时演技的全面和精当。

这时,发生了他仗义帮助荀慧生的事。

1915年,荀慧生与师傅庞启生订的契约到期了。他1907年跟师傅学艺,学艺期为7年,外加帮师一年,荀慧生应当在这年满师出科。出科就可以自己搭班了,可以自己为自己挣钱了,尚小云和赵桐珊都为荀慧生高兴。

不料荀慧生向师傅庞启发提起满师的事,师傅的回话只有凶巴巴的一句:"你要敢走,我就把你的腿砸折了,让你这辈子也别想再唱戏!"

师傅为什么会这样?就因为"正乐三杰"正火,正是赚钱的好时机。另外,他在荀慧生的契约上找到一个漏洞,荀慧生父亲在签契约时没有写上日期。也就是说,这契约是什么时候签的已说不清楚,满师没满师只有庞启发说了算。

听了荀慧生的哭诉,尚小云很是气愤。他为荀慧生策划了逃跑的计划。

荀慧生平时住在师傅家，并不住在正乐社，且庞启发对他看得也很紧。但荀慧生每天要到正乐社来学戏和参加演出，这是一个师傅监管他的空当儿。尚小云在荀慧生到了正乐社时把自己的计划安排告诉了他。

荀慧生住的是一个院子，且院墙很高，十几岁的小孩子是难以翻越的。巧的是，尚小云去侦察了一下，发现荀慧生住房后窗的墙下新堆了一堆煤。这可是一个翻越墙头出逃的机会。他的计划是，等庞师傅睡着后，荀慧生跳出后窗，爬上煤堆，借煤堆再爬上墙。墙外，则有尚小云与班里的李洪春接应，帮他下墙……

尚小云（左）与荀慧生合影

荀慧生依计而行，逃出了庞启发的掌控。

庞启发发现荀慧生不见了，四处寻找，但左问右问又问不出个线索来。他只得放出风去：只要荀慧生回来，一切都可以协商。

事情到了这个地步，正乐社班主李际良出面了，专捧"白牡丹"荀慧生的白社人也出面了。他们作为中间人，为庞启发与荀慧生调解，再订契约：荀慧生再为庞启发唱戏两年，其中收入一半归庞启发，然后就满师。

荀慧生回来了，虽然他还要为师傅唱两年，但毕竟自己有了一半收入，也有了盼头。而且，他又能与小伙伴们在一起了。

尚小云为荀慧生策划逃跑一事，赵桐珊没有参加，他当时去保定演出了。

但尚小云对赵桐珊也很帮衬。赵桐珊各艺精通,却很少自己挑班唱头牌,多为别人"挎刀",当好配角。尚小云很喜欢他这种谦虚的性格,每当他演到精彩处,如果尚小云没有上台,就会带头为他喝彩鼓掌。这让赵桐珊很受感动。

"正乐三杰",友谊很深很深。

第十一节
提携最力是菊师

有大师教,还要大师提携。得一名师提携是人生成功的最可贵的机会。多少有才之士,就是没有机会得到名人的提携而最终埋没了一生。说千里马常有而伯乐不常有,正是对人生这种遗憾的感叹。

在尚小云出科前,他遇到的最后一个机遇是京剧老前辈孙菊仙先生约他同台演戏。

孙菊仙,道光二十一年(辛丑)正月初一日(1841年1月23日)生于天津一个商人之家。他名濂,菊仙是他的字,号宝臣,晚年用"老乡亲"为艺名。他唱京剧老生。说来有意思的是,他学京剧是半途转业的,是三十岁以后才由票友下海唱戏的。

咸丰八年（1858），孙菊仙17岁，这一年他考中了武秀才。考武举人时他没考上，但这并不妨碍他投军从戎。本来，孙菊仙是应当成为一员名将的。命运却跟他开了个玩笑。同治六年（1867）他转入了英西林所部，因功官至游击，三品衔。后来英西林涉案被革职，孙菊仙也因此弃官来到北京。因为他从少年时代起就非常喜爱程派京剧艺术，来到北京后，便投奔到最著名的京剧老生程长庚的门下学习京剧。他先是做票友，后来进入祝成班。由于他歌喉洪亮，又因行伍出身而练就的好身板，还是个大个子，很快出名，红遍京城，与谭鑫培和汪桂芬一同成为京剧"后三鼎甲"。

孙菊仙就是与这样的两位名角齐名的名角。换言之，就是与这样两位名角齐名的大师级人物孙菊仙看上了尚小云。

孙菊仙讲起来要比尚小云年长近六十岁。他45岁时就选入升平署，进宫唱戏达十六年。他戏唱得好，还见多识广，笑话说得好，很得慈禧喜欢，得赏赐不少。光绪皇帝也喜欢他，因为他能反串老旦，光绪称赞他为"老生、老旦第一人"。传说孙菊仙一进宫唱戏，光绪会亲自入座乐池里，替孙菊仙打板伴奏。只是孙菊仙人生再度遇到挫折。八国联军打进北京，他在北京的寓所毁于战火，两个妻子也相继去世。他举家离开北京去了上海。他在上海与人合办天仙茶园、春仙茶园等戏园戏班，基本不再上台演出了。只有一个例外，就是每逢赈灾义演，孙老总是义不容辞地上台演出自己拿手戏。

民国后，他回到了故乡天津。1914年8月，73岁的他来到北京，参加赈灾义演。他演出的戏码是《三娘教子》。要演这出戏，孙菊仙需要有个旦角。有人向孙菊仙推荐了尚小云，孙菊仙知道尚小云为"正乐三杰"之一，便点头同意。合排了一下，就正式登台。

那天的演出地点在北京庆乐园，庆乐园位于前门外大栅栏，地处繁华地段，且一老一少搭班演戏，也是噱头，当天观众如云，剧场爆满。

与爷爷辈的老前辈配戏，尚小云刚上场还是紧张的。但孙菊仙用眼神鼓励着他，让他一步步进入了状态。结果，一老一少配合默契，戏唱得十分成功。

尚小云由此一举成名。

也在这年8月，《国华报》举办了一次"菊选"，设男、女、社团（不属于任何科班的演员）三个组，选出的童伶分别授予"博士""学士"名号，并颁发金菊徽章。额定男伶博士两名，学士五名；女伶博士两名，学士四名；社团部博士两名，学士一名。到了次年元月，结果出来了：

男伶部：博士，正乐社青衣尚小云，富连成社青衣李连贞。

荀慧生也不错，他不是正乐班的入科学生，所以归入了社团部。他得了社团部的博士。

尚小云因为排在第一位，得18万余票，所以有了"第一童伶"之称。但他把自己的成功看成是孙菊仙提携的结果，终身不忘。他后来说："谈起我与名伶合演的往事，我首先忘不了老乡亲。那时他老人家已经要80岁的老人了，论辈分，要长我们两辈；论声望，我是初出茅庐的，差得远，他要我跟他配旦角，完全是认为'孺子可教'，存心提携的意思。"

这是尚小云出科前红红火火的一次出名，当时的报章还以"独步九城、万众倾倒"之词给予他极高的赞誉。北京，内城外围有九个城门，所以又称"九城"；独步九城，意思就是在北京独为一秀。

更令他高兴的是，孙菊仙就此就看好了他，一心想栽培他。这年底，孙菊仙应某名流邀请回京唱堂会，他直接点名让尚小云陪他唱《朱砂痣》。孙菊仙还把自己的独门秘诀——"三讲"，即讲气口、讲音色、讲抑扬传授给了他。当尚小云小小年纪不能理解"人物的情感要由内向外表达"这句话时，孙菊仙告诉他要演好戏就要"通达文墨"。尚小云由此明白了，演员只有通达文墨，才能达到"腹有诗书气自华"的层面，才能理解人物的性格、思想、感情，才能表达好角色的心灵。

这一年，也有不幸的事情发生，尚小云的三弟尚德福在科班学戏，遭受暴打,不幸死亡。

　　按1907年4月所签关书,尚小云学业7年,1914年这一年应当出科了。但科班的潜规则是,7年学业中不包括进来的第一年,7年学业完成后,还要为科班免费效力一年。这样,尚小云是1916年8月17日出科的。这一天,正乐班解散了,尚小云也出科了。

第二章

成年：拜遍名师求艺精

CHENGNIAN: BAIBIAN MINGSHI QIUYIJING

出科并不意味着功成名就，虽然尚小云少年就有了名气。要在国都里一鸣惊人，前提是还要孜孜勤学。出科后的尚小云，做了两件事，一是找个班子加入其中，端个饭碗好养家；二是继续拜师学习，取众家之长。

第一节

参加春合社

出科并不意味着功成名就,虽然尚小云少年就有了名气。

尚小云的志向是"一鸣惊人"。他出科后对母亲说:"儿求师学艺,献身于红氍毹之上,一则藉艺术以资养赡,是所谓自食其力;二则不在操术之不慎,而在操术之不精,果能借此立身,孜孜勤学,偌大帝都,必有一鸣惊人之日。"

要在国都里一鸣惊人,前提是还要孜孜勤学。出科后的尚小云,做了两件事,一是找个班子加入其中,端个饭碗好养家;二是继续拜师学习,取众家之长。

1915年没有其他可说的,这一年,孙菊仙带着尚小云同台演出了《战蒲关》《祭塔》《三娘教子》《宇宙锋》《取金陵》。

1916年上半年，尚小云还没有出科，还是孙菊仙带着他同台演出。

到了1916年的8月16日，尚小云出科了，在老师孙怡云的妹妹举荐下，他来到了以谭鑫培为主角的演出阵容一流的春合社。

春合社，是著名京剧武生俞振庭组的班子。

俞振庭是"俞派"武生创始人俞菊笙的次子。他生于光绪五年（1879年9月27日），北京人。他继承了家学，形成了剽悍、勇猛的艺术风格。他最出彩的戏是《金钱豹》。《金钱豹》一剧选取唐三藏师徒往西天取经，沿路降妖伏怪中的一件事而成。在这个戏剧中，俞振庭扮演金钱豹，他见到邓小姐时，能穿着厚底靴从高桌上越过众小豹的头顶飞跃而下。他手持钢叉，耍叉的技法也十分了得，抖叉，抱月，穿玉等，让人目不暇接。

俞振庭中年以后体力有些不支，就从演员转为戏园老板了。在1906年，他在北京首倡夜戏和男女合班演出，为京剧开了新风。

春合社是个临时性的班社。班子请的主角是京剧史上第一个老生流派谭派的创始人"伶界大王"谭鑫培。为给谭鑫培配戏，又请了路三宝、黄润卿、陈德霖、周瑞安、姜妙香、时慧宝、高庆奎、刘景然、程继先、朱桂芳、增长胜、梅兰芳。

路三宝，光绪三年正月廿四日（1877年3月8日）生，原籍山东济南府历城县。他当时是著名京剧花旦。光绪三十三年（1907）他曾与马德成、郝寿臣到朝鲜望京剧院演出。

黄润卿，旦角，路三宝的徒弟。常与杨小楼搭班演《霸王别姬》，杨小楼演霸王，黄润卿演虞姬。

陈德霖，本书开始讲三庆班时提到过他，现再详说一下。他同治元年九月初五日（1862年10月27日）生，北京宛平人，是清代光绪以来青衣演员的代表人物。他12岁时，入恭王府全福班学昆旦，全福班解散后，又入三庆班科班，学习刀马旦，又从朱莲芬学习昆曲。他19岁出科，又从田宝琳学京剧青衣，同时搭三庆班演出。光绪十三年（1887）三庆班解散，他独自组织承平班，后易名福寿班。1890年，以民籍学生身份进入升平署当差。他进宫后，细心观察慈禧太后的一举一动，并运用于表演中，创造了《雁门关》萧太后的形象，得到了慈禧的赏识。他还把昆腔的《昭代萧韶》改为京剧，也让慈禧看了很高兴。后来各王府演戏都请陈德霖代为办理。他一生辅佐杨小楼、谭鑫培、卢胜奎、黄润甫、刘赶三、王楞仙、俞菊笙、孙菊仙、刘鸿升、梅兰芳、余叔岩、高庆奎等名家，徒弟也很多，所以有"老夫子"的称号，后来有京剧"通天教主"之称的王瑶卿，"四大名旦"之一的梅兰芳，著名旦角王蕙芳，青衣王琴侬、姚玉芙，小生姜妙香为他六大弟子。

《虹霓关》，尚小云饰东方氏，李桂芳饰王伯当

　　周瑞安，祖籍湖北武昌，于光绪十三年（1887）生于北京，是清末梆子老生周春奎之子。他随父学艺，后入义顺和科班习武生，私淑杨小楼，颇得"杨派"武生精髓，有"周一腿"之称，功架、气质均有杨小楼的风范。

　　这春合社，别的不说，就挑这最前面的四位一说，就可以知道这个社虽为临时性的戏班，却是一流的戏班。

　　1916年11月尚小云要进春合社时，孙怡云的妹妹是路三宝的续弦夫人。她对路三宝说了哥哥的爱徒尚小云，路三宝便向俞振庭做了推荐。路三宝是俞振庭请来的名角,他推荐了尚小云,俞振庭自然会给他面子,而且尚小云的名声他也知道,这样尚小云就被俞振庭聘用了。

1917年1月,在吉祥戏院,尚小云首次与谭鑫培同台演出。那天大轴是谭鑫培、谭小增、增长胜的《碰碑》,压轴的是时慧宝的《雍凉关》,尚小云与黄润卿、路三宝的《虹霓关》列倒数第三。由此可见尚小云是得到重用的。

进了春合社,尚小云就拜路三宝为师学习刀马旦。还拜师陈德霖。只是约好在杨梅竹斜街的万佛居饭馆向陈德霖行拜师礼时,陈德霖临时有事没有来,结果拜师礼没有举行。

1917年1月,他还受上海天蟾舞台老板许少卿之邀,去上海演出了138天,演出四十余出戏。回北京后不久,《顺天时报》也举行"菊选",设定"剧界大王"(又称"男伶大王")"坤伶大王""童伶大王"(又称"童伶第一")各一人。经投票,梅兰芳以23万余票当选为"剧界大王",刘喜奎以22万余票当选为"坤伶大王",尚小云以15万余票当选为"童伶大王"。

第二节

与龚云甫同演《母女会》

大王归大王,尚小云想的最多的还是拜师父多学艺。他拜师学艺的下一个目标是龚云甫。

龚云甫,生于同治元年(1862),北京人。他开始是玉器行的工人,后以京剧票友加入四喜班。四喜班也是进京的四大徽班之一,曾有"新排一曲《桃花扇》,到处哄传四喜班"的声誉。进了四喜班,龚云甫拜了孙菊仙为师,演老生。后又拜熊连喜为师。熊连喜生于道光二十九年(1849),北京人,是同治、光绪年间资格最老的老旦演员。龚云甫拜了熊连喜为师后,改唱了老旦。

龚云甫可是老旦行当的功臣。清末,京剧舞台开始是以生行挑大梁的。到民国时,旦行兴起,与生行并挑大梁。并非是所有的旦都可与生并挑大梁的,只是其中的青衣而已。这"潜规则"表现在演出排戏中,便是无论是大轴还是压轴,不是生就是青衣,老旦,是真正的配角,在全剧中,唱词少,表演少。但龚云甫出道后,为老旦编排了《目莲僧救母》《吊龟》《行路哭灵》《行路训子》《望儿楼》等以黄氏女、李太后、康氏、窦太后等作为压轴角色的老旦唱功重头戏。1900年时,他已能以老旦唱大轴,开创了过去未有之先例。加上他嗓音富有"脑后音"的特点,唱老旦既有女性"雌音",又有老年"衰音",就自成一派。正因为他有这么多特点,所以尚小云有了向他学戏的心思。

尚小云主动来到位于西柳树井的第一舞台找龚云甫。当时著名旦角朱幼芬组了一个戏班,邀龚云甫参加,在第一舞台演出。尚小云见到的是龚云甫的管事崔禄春。尚小云提出,想与龚云甫同台演出《母女会》,想请崔管事将请求转告一下龚先生。不料崔管事一口回绝。他冷冷地回答:"你想与龚先生合作?呸!你也配?一边练去吧,练好了再唱。"

这时的尚小云,既是"正乐三杰"之一,又得"童伶博士""第一童伶"之誉,正在众人追捧之中,哪受得了这样的蔑视。回到家后,连晚饭也没吃,尚小云大哭,哭得昏天黑地。最后,要强的个性逼他想通了。他又去吃了饭,第二天一早就起来,专练《母女会》。然后一连几天,一场不落地去看龚云甫的《母女会》,还托人从不同渠道带话给龚云甫,说尚小云想与龚先生合作,想向龚先生学习。

信息最终传到了龚云甫耳朵里。龚云甫演技好,戏德好,人品也好,是个喜欢提携人的人。他对传话的人说:"好,我与他合演《母女会》。我会倾尽全力,甘为人梯。"

二人的演出定在10月20日。地点就在西柳树井第一舞台。1914年6月9日,京剧名伶杨小楼集资募股,在北京西珠市口大街中段(柳树井)纪晓岚故居东200米的给孤寺旁边创设了北京第一家大戏院第一舞台,当地人称为西柳树井第一舞台。戏院的建筑模式、灯光完全模仿上海二马路大舞台的形式,观众席有3层,可容纳2600人。 这在民国初期的北京已经算是首屈一指最新式的剧场了。在当时最现代化的舞台上演出,尚小云是很兴奋的。

龚云甫也没有食言,确实做到了甘为人梯。《母女会》讲的是唐宣宗时薛平贵与王宝钏的故事:自从薛平贵出征以后,王宝钏苦守寒窑。其父丞相王允用尽各种方法,甚至哄骗说薛平贵已战死在西凉,想逼女儿改嫁。王宝钏坚贞不屈,对薛平贵的爱情丝毫不变。但因为生活贫困,思念薛平贵心切,终于生了病。她母亲王夫人前来探望,见王宝钏面容憔悴,寒窑破漏,心里十分难受。她劝女儿一同回家,再享从前丞相府的豪华生活。王宝钏很爱她的母亲,但没有接受劝告;她把母亲诓出门去,将窑门紧闭,坚决不回相府。在这段戏里,龚云甫饰演配角王夫人,让尚小云扮演王宝钏。演出中,尚小云扮演的王宝钏爱情浓烈,情感坚定;龚云甫扮演的王夫人,仁慈温柔,爱女心切。两人第一次合作就让观众如醉如痴,掌声热烈。

下了台,有人鼓动尚小云:"去找崔管事!看他现在还有什么话可说!"尚小云拍案而起,去找寻崔管事。

其实崔管事早就预知尚小云会来找他。他还事先在龚云甫处留了话:"瞧着吧,今儿我得让尚小云拿出一天的包银来请我客。"这时,他正在屋里等着尚小云呢。看到尚小云气冲冲而来,他站起身,先是满脸堆笑向他一抱拳:"恭喜恭喜!一出《母女会》,让您尚小云成名角了。"还未等尚小云开口,他脸又板了起来,厉声道:"你小子记住,没有我当时那几句苏秦激友式的话,你是不会有今天的!"原来崔管事是用激将法来助尚小云成名呀。不管是真还是假,成功了的尚小云原谅了崔管事。他说:"您说得对。若没有您当时的那些话,也不会有我与龚先生今天的合作。"

这时崔管事又笑了:"那您该怎么谢我?"

尚小云说:"您说怎么谢?"

这时崔管事施出了自己的预定套路:"您谢客吧。"

"好!"尚小云就是个急急的脾气,没有多想就同意了,"我今天的包银都归您,算我请客!"

第三节

拜师杨小楼学武戏

杨小楼这时也开始注意尚小云了。

正如上节所说,西柳树井第一舞台就是杨小楼创办的,尚小云与龚云甫在第一舞台同台演出成功,杨小楼没有办法不注意到尚小云。

杨小楼生于光绪四年(1878),安徽怀宁人。其父杨月楼,跟徽剧名角张二奎习武生,擅长猴戏,有"杨猴子"之称。1882年程长庚去世后,杨月楼接掌了三庆班。1888年入升平署,在京沪享有盛名。杨小楼小时候就进了极有名气的小荣椿科班学习。小荣椿科班是三庆班的科班,光绪六年(1880)由杨隆寿、谭鑫培、杨月楼等人创办,地址在北京前门外李铁拐斜街。科班招收的都是梨园子弟。有前后两科,头科于光绪十四年(1888)满师。在小荣椿科班,杨小楼除得到父亲亲自教导外,还师从武生演员、梅兰芳的外祖父、有"活武松""活石秀"之称的杨隆寿等学习。他17岁出科,得义父谭鑫培指点,又拜春台班主、武生演员俞菊笙为师。以武生挑班唱大轴就是从俞菊笙开始的。

24岁时,杨小楼搭入宝胜和班,以"小杨猴子"之名登台,又与谭鑫培同在同庆班,经谭鑫培奖掖,成为挑大梁的武生演员,29岁时入升平署为外学民籍学生,备受慈禧太后赏识。

杨小楼最后形成了京剧里的"杨派",享有"国剧宗师""武生泰斗"的盛誉。

其实在尚小云与孙菊仙合演《三娘教子》时,杨小楼就前来观戏,对尚小云十分看好。这次看了尚小云与龚云甫合演的《母女会》,他更是兴奋,对边上的朋友说:"小云出身科班,天资聪慧,技艺超群,是与我同台演出《长坂坡》难得的搭档呀。"这话既是赞扬,也是邀请。话传到尚小云耳朵里,他哪有不抓住这个机会之理。

尚小云拜访了杨小楼先生,提出了合演《长坂坡》的请求。

杨小楼有心要逗逗这个才16岁的年轻人。他说:"我得心应手的搭档一向只有钱金福、范宝亭、迟月亭、许德义这几个人呢。"当时,杨小楼所在的戏班叫桐馨社,班主是朱幼芳。朱幼芳是梅兰芳儿时一同学习的伙伴,朱幼芳的一个哥哥朱小霞是梅兰芳的戏曲启蒙老师,另一个哥哥是梅兰芳的表姐夫。

钱金福,字绍卿,堂号维新堂,光绪四年(1878)生于北京,满族。他先为昆曲正旦,后改架子花脸。他幼入全福昆曲科班,1883年带艺入三庆班,后又入春台班、小长庆、玉成班。1904年选为内廷供奉。1911年入同庆班,与谭鑫培同台合作,极受谭倚重。他擅长把子功(把子功是演员在武戏中表现打斗的技巧和套路。把子,指刀、枪、剑、戟、棍、棒、锤、斧、鞭、铜、槊、叉等各种兵器。空手对打,属于徒手把子,也在把子功内),武净戏极出色,架子花脸戏亦其所长。

范宝亭,光绪十三年(1887)生,北京人,父亲范福泰是闻名的武花脸演员。

范宝亭也是科班出身,自幼坐科福寿班,长大成了武花脸演员。

迟月亭,原籍山东蓬莱,光绪九年(1883)生于北京。小天仙科班出身,后师从小荣椿科班创始人之一的杨隆寿学武生。他于客厅内能翻四个虎跳前扑,且不偏不倚;台上能必周必正地连走30多个旋子,功夫精到。

许德义,京东东坝(一说今大兴区)人,生于光绪八年(1882)十月初七。他自幼坐科福寿班(一说福冬班),工武净,在杨小楼的班子里排名仅在钱金福之后。

是的,这些都是大名角,在杨小楼的班子里是大名角配大名角,尚小云一时怎能与他们相比?不过他反应还是快的。他说:"他们是大角,不过他们不是生就是净,只有我是旦呀!"他的潜台词是《长坂坡》里的糜夫人,可是旦角,他们演都不合适,只有我来演比较恰当。他还知道,糜夫人一角本来是梅兰芳演的,他刚刚离开了这个戏班子。

杨小楼哈哈大笑,用劲拍了拍尚小云的肩膀,表示答应尚小云了。

《长坂坡》是一出武戏,是杨小楼久演不衰的代表作之一。杨小楼在戏中演赵云,但需要有个能表演出糜夫人"英烈"气质的青衣演员来配戏。戏正式开演,杨小楼发现自己选对了人。戏中,许德义饰曹将张郃,尚小云饰抱着阿斗的糜夫人。张郃追到,凶恶震撼;糜夫人惊恐中跑起了圆场,"快如疾风,方寸不乱",又让人眼花缭乱。看看糜夫人跑得甚快,张郃便不想再费时费力去追,张弓搭箭,一箭射去。这时又一个出彩的场面出现了。舞台上放箭都是虚张弓,并没有搭箭。张郃虚弹一弓,糜夫人如蜻蜓点水,来了个侧空翻,斜倒在舞台上。在侧翻之时,尚小云把预先藏于左袖筒里的一支箭抖出,插在微微颤动的右腿上。这样,当观众看到糜夫人倒地时,还看到她右腿已中了张郃一箭。看到这里,戏迷们不禁用力鼓掌,大声喝彩起来。

然而更有一绝在后面。当糜夫人跳上井台,准备舍生取义时,赵云有个急步上前去拉她但只拉下她的凤帔的场景。拉帔戏演出时会出现两种情况,一种是帔套得太紧,赵云一把拉不下来,这时饰糜夫人的演员只能再挣扎几下,使帔被拉下来,再跳入井中。这就让观众有帔是被糜夫人脱下来的感觉。第二种是事先就把帔脱好,松松地披在肩头。这时候帔是可以一下拽下来的,但太轻松了,赵云手上的力度显不出来,也给观众太假的感觉。对这个拉帔的戏,尚小云是这样做的:他把凤帔从领子那里就往后穿,脱得松一点,帔和里面褶子的水袖也要套得有一点距离。当糜夫人被箭射中时,他一边插箭于右腿,一边就松开了帔。这时赵云赶来。糜夫人把阿斗托给赵云,自己跳上了井台,做出欲往下跳的动作。这时他用极快的手法把帔解开了。赵云赶上来,一把抓住凤帔,糜夫人双手向后平伸,赵云就不露痕迹地只抓到了帔,帔里的糜夫人则跳入井中去了。面对着尚小云一环扣一环且天衣无缝的动作,观众的掌声、喝彩声再度响起来。

第一次演出太出彩了,杨小楼太满意了。他对尚小云说:"我感到你的功力不在他们之下。"他们当然是指与他搭班子的名演员们。他还对尚小云说:"我们再排个《湘江会》。排好了我们一同过长江,去上海。"

第四节
"三江一白"下江南

《湘江会》是七场剧,故事说的是战国时有位魏灵公,有一天在湘江设宴,宴请齐宣王。这出戏,以武打为主,在光绪三十二年(1906)杨小楼就将此剧上报到升平署节目中并进宫演出了。尚小云这次加入后,也将武旦开场的戏改编成靠把武戏。在戏中,杨小楼饰大将吴起,尚小云饰钟离春。尚小云问杨小楼:"大叔,咱们打哪一套快枪?"杨小楼回答说:"我这出戏不打快枪,我那套叫'大扫琉璃灯',挺省事的;完了就是'四门斗',中间夹一套'老虎枪'。你要愿意打快枪,那就不打'大扫琉璃灯'也行。"这哪行,杨小楼的这番话明明是要新教尚小云一套武功呢。尚小云高兴地跳起来,连连说:"不!不!我跟着您的来,您教我!"由此尚小云进入了与杨小楼学武戏的阶段。

杨小楼很乐意教，杨派的反把枪，八卦掌的步法，盖步、趋步、搓步，他都一一教来；他还教了八卦拳、少林拳。尚小云也很用心地学。他在《湘江会》排练中练就了"女子骑马式"。净行及武生，为男性，站"大蹲裆式"。如果旦角采用此式必不好看。尚小云采用双腿略拱的女子骑马式，却因蹲幅小而易不稳。尚小云一番苦练出绝活。他对枪打完"大扫琉璃灯"以后，掏翎挫腰，再以骑马式亮相，纹丝不动，极见精彩。他的韵白借鉴杨小楼武生念法，口紧字紧，加重换气，句读之间，似断似连，过渡顺畅，形成了字清音朗、富于感情的特点。

他俩终于排出了《湘江会》，尚小云经过向杨小楼学习，也形成了文戏武唱的风格。杨小楼给尚小云留下了终身的记忆。

1919 年，杨小楼带着尚小云、谭小培（谭鑫培的儿子）和荀慧生一同去了上海。因为荀慧生艺名白牡丹，所以有了"三小一白下江南"之说。

"三小一白下江南"是上海天蟾舞台老板许少卿邀请的，不过他邀请的不是尚小云，邀请的是 41 岁正值艺术巅峰的杨小楼。

许少卿是上海义记公司老板。清宣统二年十二月十五日（1911 年 1 月 15 日），他在英租界四马路大新街口（今福州路湖北路口）新丹桂茶园原址上，招股集资兴建落成了一个大剧院丹桂第一台。剧院由英国设计师设计，是两层钢筋混凝土结构。观众厅分官厅、包厢，座位宽敞；厅内装有电灯，设太平门和太平楼梯多处，舞台为新式转台，开启灵活。后观众日多，又改建楼下正厅，扩充了座位，成为名角到上海演出的最佳场所。

1912 年 4 月 4 日，在上海九江路湖北路口（今华侨商店原址）上，上海第一家游乐场楼外楼也开业了一个剧场叫"新新舞台"。次年至 1914 年两次易主，依次改名为"醒舞台""迎仙新新舞台"。1916 年 2 月，许少卿从丹桂第一台退出，租赁此剧院，租期 15 年，改名为"天蟾舞台"，起名用的是典故"月精蟾蜍折食月中桂枝"，意思是要压倒丹桂第一台。他，一看就是个很有魄力的演艺界老板。

杨小楼、尚小云在上海一演就是三个月，观者如潮。

这个许老板很会来事。他知道这次杨小楼他们带来的戏目中有一个新编剧目叫《楚汉争》。许老板的做法是吊观众胃口。他先安排老剧目演出，但在戏迷中放出风去，说杨小楼与尚小云还有一个新戏叫《楚汉争》，还在排练中呢。演出期限快要结束了，他打出广告，隆重推出《楚汉争》。

《楚汉争》讲的是韩信怀才不遇，困处穷乡，无奈受胯下之辱，幸得漂母一饭之恩，才重新振作起来。他听说楚霸王项羽起义了，知道项羽英雄盖世，于是投军至项羽麾下。项羽灭秦，大封功臣，韩信却没有得到他重用，心里不满起来。幸得项羽爱妾虞姬安慰，韩信心中才平静许多。此时张良受汉王刘邦所托，招揽人才，他劝韩信弃楚归汉。韩信被张良说动，投到刘邦麾下，助刘邦进攻项羽。韩信带领汉军攻打楚军，势如破竹，楚军节节败退。项羽逃回军营，汉军逐步迫近，四面楚歌，项羽军心离散。最后虞姬自杀殉君，项羽自刎乌江。

杨小楼改编赶排此剧时，梅兰芳的专职编剧齐如山也编出了《霸王别姬》，故事也是楚汉相争这段。当时梅兰芳的《霸王别姬》还没有排完，得知杨小楼与尚小云在上海准备演出《楚汉争》了，梅兰芳高风亮节，不与同行争高低，就停排了《霸王别姬》。直到数年后，在不存在与人抢戏的可能后，梅兰芳才重拾《霸王别姬》，让该剧成了梅派的艺术经典。

现在再回到杨小楼、尚小云的《楚汉争》上来。许少卿打出的广告很吸引人：

> 楚霸王风云叱咤，为中国历史上有数的英雄，垓下被围，对虞姬慷慨悲歌，千载之下犹奕奕有生气。本台艺员杨君小楼在京时曾排演楚汉争霸霸王别姬的戏，自李左车诈降起至自刎乌江止，编者皆谓今世伶界舍杨君固不足以状霸王之英雄，其扮相之大方、架子之雄伟、唱念之音节激楚，使观众俨如目睹楚重瞳之气。概全戏歌舞并重，牌子

架势多为重头。之戏向不轻易演唱,故经本台主相烦已得杨君允许,并烦尚艺员小云饰虞姬,锦上添花、相得益彰。特此预布,祈各界顾曲家鉴之。

此布告一出,"三小一白"在上海又掀起一轮高潮。上海剧评家也纷纷发表剧评,对尚小云的演出特别给予赞扬。

第五节

娶妻生子

中国古话说，成家立业，指一般男人都是先成家后立业。但是尚小云早年成名，是先立业后成家的。1918年9月，他娶了京剧净角李寿山的女儿李淑卿为妻。

李寿山是清末民初京剧名角。他生于清同治五年（1866）。早年他在三庆班与武净钱金福、名旦陈德霖、名老生谭鑫培为师兄弟，初学花旦、昆旦，再改老生，最后学成为武净架子花脸，成文武皆能、昆乱不挡。光绪二十六年（1900）入选升平署，进宫承差时起艺名李七儿，时年34岁。清光绪三十二年（1906）应喜连成（富连成前身）之聘，入社执教。晚年在梅兰芳剧团，为梅兰芳教授过《金山寺·断桥》《出塞》《风筝误》和《春香闹学》等戏。李寿山娶过浦氏和刘氏两位夫人,李淑卿为刘氏所生长女。

李寿山把女儿嫁给尚小云后,还亲自为尚小云授戏,其中最重要的一部戏就是《昭君出塞》。

关于李淑卿我们已经没有多少资料了。只知道她比尚小云长两岁。婚后第三年的9月16日,生长女尚秀琴(小名石榴,未入戏曲界)。1928年,再生长子尚长春(小名斗子,日后工武生)。1930年5月28日,李淑卿不幸病逝,享年仅32岁。

尚小云是爱自己前妻的。为纪念前妻,他把岳父传给他的《昭君出塞》改了又改,精编了又精编。1935年,在剧作家还珠楼主(即李寿民)帮助下,此剧扩编成《汉明妃》。为此剧,他下足了功夫。此剧讲的是汉元帝时,匈奴时常犯边,抵御无人,乃用和番之策,将宫女王昭君嫁与单于的故事。王昭君有绝世之姿,进宫时不肯贿赂画工毛延寿,致毛延寿将王昭君的像画得极为丑陋,使王昭君不得帝王召见。临行时,元帝召见,始大惊讶,然已挽回乏术矣。全剧接着描写昭君出塞时情形,衬托出王昭君身世凄凉又有为国承责的大义,令人感慨万千。为演好王昭君,尚小云细致研究,做了极大改进。

《昭君出塞》,原本是昆曲,有"三死"为其弱点,一是煞费苦心唱死王昭君,说的是王昭君在戏里基本是捂着肚子死唱。二是累死马童和王龙。戏中的马童与王龙不停翻跃,累死累活来吸引观众。尚小云对戏进行改进,以自己所具有的戏工底子,创作出了文戏武唱的王昭君。

他区别出"马下昭君"和"马上昭君",坐在车辇上的王昭君,雍容华贵,内心痛恨毛延寿无耻,痛恨皇帝的无能,演得外静内动,文而不温。

远离中原,到了外番,山路崎岖起来,只能弃辇换马。尚小云为王昭君设计了武戏,用"趟马圆场""卧鱼"等一系列舞蹈动作,伴以悲凉的昆曲唱段,把王昭君不舍故土的心境推到高潮。

然后上马。先是"垫土一颤",然后抢鞭,两个"鸽子翻身",拧身跨腿大踢腿,抢鞭倾身大滑步,勒马亮相,接着再来一串武戏动作,复杂多变,让人眼花缭乱。在这里,尚小云最终实现了他对这出戏中王昭君的技艺要求:"既要有人,又要有马;马是烈马,人是佳人,一身二用,神形兼顾。"全戏,就是这样文戏武唱,高潮迭出的。

此戏,成了尚派的经典节目。1962年时,由西安电影制片厂拍成纪录片。

尚小云以此良苦用心,纪念了他早逝的爱人李淑卿和岳父。

尚小云的第一个夫人去世后一年中,为他张罗续弦的人可不少,坊间一会儿传闻他要娶京剧女伶,一会儿又传他会娶一位清朝格格,还有传闻他会娶天津的卖艺不卖身的名妓。然而到了1931年元旦,他娶的仍是梨园女儿,名叫王蕊芳。

王蕊芳是梅兰芳姑姑的女儿。

媒人到王家为尚小云提亲时,王蕊芳的母亲梅氏是不太愿意的。原因有二,一是大家都知道的,尚母张文通是相当严厉的老太太。尚小云已是名角了,

尚小云、王蕊芳及长子合影

要是惹得母亲不高兴了，尚母仍会动手打他。二是王家从爷爷辈在梨园就出名，爷爷王攀桂是京剧发源徽班之一的春台班里有名的架子花脸，伯父王聚玉也是花脸名家，王聚宝是著名武生演员，王家家境是不错的，王蕊芳在王家可是当小姐来养的。现在让她去续弦，王氏一听就十分不情愿。媒人走后，她出去算了一卦。算命先生说，王小姐与尚先生的八字很合，王小姐有旺夫像，将来一定是夫荣子贵的。听他这么一说，王氏就答应了这门婚事。由此，尚小云与梅兰芳也有了亲戚关系。

王小蕊是个真不错的女子。她有着传统教养，对婆婆百依百顺，对丈夫百般体贴。她知道丈夫尚小云是个孝子，她知道顺着婆婆就是顺丈夫的心，因此有委屈自己忍着，既没有跟婆婆顶过嘴，给过脸色，也没有到丈夫面前来抱怨。她因此深得丈夫的疼爱。

她后来也受学生们的喜爱与崇敬，这是后话。

第六节

拜师王瑶卿学习《失子惊疯》

在 1918 年 8 月，尚小云结婚前，天蟾舞台重新装修后开业，特邀南北京剧名角前来演出，尚小云就是其中之一。此次到上海时间不长，只有二十来天。五个月后，他再被邀请到上海，与他同赴上海演出的名角是王瑶卿与马连良。由此，他开始了与王瑶卿的友谊。

王瑶卿，他在中国京剧界承上启下，桃李满天下，且为花衫行当的创始人，在京剧界的名声为"通天教主"。

王瑶卿生于光绪七年（1881），原名瑞臻，字稚庭，号菊痴。他生于江苏清江（今淮安市区，故居在淮安市清江浦区人民小学院内），是晚清著名昆曲演员王绚云的长子。他幼年随父进京，初学昆曲，9 岁从京剧发源戏班之一的四喜班和春台班里的青衣演员田宝琳学青衣，11岁入三庆班从崇贵富习武功，12岁后师从清廷升平署正旦教习谢双寿、四喜班青衣张芷荃、刀马旦杜蝶云学习，因而戏路很广。1894年，他才13岁，就在三庆班正式登台。到了二十世纪初，王瑶卿已成为一位很有名声的旦角演员。1904年他应召入宫演戏，当了内廷供奉。他经常与田际云、谭鑫培、余玉琴等名家合作，与谭鑫培合演《汾河湾》《南天门》等生旦并重的戏，珠联璧合，大受称赏。谭鑫培也十分赏识王瑶卿，1905年王瑶卿搭入同庆班，与谭鑫培合作达五年之久。在长时间的京剧艺术实践中，王瑶卿渐渐形成了"王派"表演风格。

他首先突破了京剧行当严格的分工界限，融合青衣、花旦、刀马旦的唱、念、做、打，创造出旦行的新行当——花衫（由花旦与青衣相兼而成）。

其次，改革了老派青衣传统程式。他在青衣戏中创出了面部表情、眼神、手势、身段、步法和水袖等新的表演方法，改变了传统"抱肚子"呆唱的模式。如上面说过的尚小云表演的《长坂坡》的抓帔的表演技艺，即是王瑶卿首创的。其他如《武家坡》的跑坡，《汾河湾》的进窑，《长坂坡》的跑箭和《失子惊疯》的疯步、袖舞等，他也都在原有程式上做了改造，成为旦行必备的特技。在青衣的唱功方面，打破老派青衣的传统程式后重新设计唱腔，使之优美且富于变化，如经他加工的《女起解》的八句反二黄，《汾河湾》的西皮原板，《三娘教子》的二黄三眼等，均成为沿传至今的唱腔。

第三，他念白纯正传神，注重分辨四声、尖团和软硬气口，尤擅京白，善用虚字及语气词。他提炼北京妇女的生活语言加以艺术化，使念白兼有爽脆刚劲，《得意缘》《樊江关》《棋盘山》《十三妹》等剧为其经典范例。

第四，王瑶卿武功扎实，腰腿功夫稳练，刀马戏的武打出色，还创造出不同于刀马旦的花衫打法，有稳、准、快、美的特点，《娘子军》《金猛关》《珍珠烈火旗》《棋盘山》《穆天王》等均极其精彩。

第五，他还丰富了旗装戏的剧目和表演，不仅台步、身段等外部动作精美自然,而且人物各具其身份与气度。如《雁门关》(饰萧太后)、《梅玉配》(饰韩翠珠)及《探亲家》《坐宫》《珠帘寨》《万里缘》等,均成为后来演出的范本。

第六,他还对服装、扮相作了大量的改革。他于清末废除跷工,又改良《打渔杀家》《樊江关》《穆柯寨》《破洪州》等剧中的服装,结合人物身份和舞美加以变化,例如创制了穆桂英所戴的蝴蝶盔等,给京剧表演艺术开拓了一片崭新的道路,丰富了"旦行"的表演,打破了以往以"生行"统领天下的局面,与谭鑫培一起成为京剧两大改革家。

王瑶卿的总体艺术风格是强调人物表演,无论唱、念、做、打,均力求突出剧中人物的性格、感情,注意揭示人物的内心,因此所演人物丰满、真实,绝无雷同。

如此一个大师级人物,能得到他的教导,是尚小云求之不得的事,何况之前在与杨小楼排演《长坂坡》时已获益匪浅了呢。

这次尚小云向王瑶卿求学是从学习《失子惊疯》入手的。

《失子惊疯》,当时还是《乾坤福寿镜》里的折子戏。它讲述的故事是:明代颍州(现安徽省阜阳市属区)知府梅俊妻胡氏怀孕十四月未生。梅与妻、妾赏花,空中坠下乾坤福寿镜一面,落入胡怀,以助生子。妾徐氏乘机进谗,诬胡产妖,梅俊欲杀胡氏。丫鬟寿春闻知告以胡氏,胡逃出,途中于一破窑产子。不幸又遇巴山大盗金眼豹逼婚,胡氏将乾坤福寿镜遗子怀中,只身逃脱。其子被宁武镇守林鹤拾去,认为己子,起名林弼显。胡氏痛失幼子,变成疯癫,四处奔走寻找。林弼显长大后进京应试中了状元,母子得以团圆。梅俊查明真相后,贬徐氏为婢,接胡氏母子回家,收寿春为妾。林弼显认祖归宗,娶林鹤女儿为妻,结局皆大欢喜。

从上海回京后,尚小云就常去王瑶卿家学这出戏了。

王瑶卿家在北京宣外大马神庙28号,这个宅子,进了大门是走廊,后面有南北两个院落。南院住着王瑶卿的弟弟王凤卿一家,王瑶卿家住北院五间,中间那间是客厅。

尚小云并没有正式向王瑶卿行过拜师礼。王瑶卿为人豁达,广收弟子,因材施教,却不注重拜师这套礼节。梅兰芳拜王瑶卿为师,要行拜师礼,王瑶卿执意不肯,说自己与梅兰芳是同辈,应以兄弟相称。但梅兰芳说服他最后还是行了拜师礼的。尚小云与梅兰芳是亲戚,是同辈,王瑶卿却执意没有同意尚小云行拜师礼。

但王瑶卿是认真传授技艺给尚小云的。他看到尚小云吐字太死,就教他念白。他发现尚小云嗓音极好,就专门为他设计出了"刚音",以区别其他艺人的唱腔。《失子惊疯》为青衣唱、做工并重戏,他认真教授尚小云,让尚小云掌握了"勾、挑、撑、冲、扬、掉、甩、打、抖、绕、挽、翻、抓、撩、背、弹、颠、摆、抛、转、投"这21种水袖功。当然还有"疯子功"。有一则故事很说明尚小云的"疯子功"劲道:

20世纪30年代,尚小云收张君秋(1920年10月23日生,北京人,后为"四小名旦"之一)为弟子,并认为义子。一次两人合作演出《失子惊疯》,张君秋饰丫鬟寿春,尚小云饰胡氏。当尚小云演到失子这段时,张君秋看到师父眼神一点一点由惊恐而悲愤再呆滞、再恍惚,最后两眼无神地盯着寿春,张君秋由心底被师傅的"疯"吓住了,不由连连后退。他以为师父真疯了。这时台下寂静无声,观众都在静静地等待。尚小云见他好久没有动作,只好再加了几个疯的动作,靠近寿春后提醒他:"你念呀。"这时寿春的台词应当是:"夫人,您怎么啦?"可张君秋已吓得回不过神来,他竟脱口而出:"干爹!"台下的人都听到了这失神的声音,哄然大笑,也为尚小云演出的精彩鼓掌。

《失子惊疯》尚小云演了一辈子。开始是王瑶卿演胡氏,尚小云演丫鬟寿春。后来又尚小云演胡氏,弟子演寿春。这戏以后成了尚派的保留节目,在20世纪60年代也被西安电影制片厂拍成电影而保留了尚小云的真实影像。

尚小云跟王瑶卿学戏后,得到王瑶卿的评价只有一个字。传说王瑶卿曾各以一个字来以评价他的学生"四大名旦"的艺术特色:梅兰芳的"相"、程砚秋的

"唱"、尚小云的"棒"、荀慧生的"浪"。王瑶卿之所以给尚小云下了一个"棒"的评语，是因为：一、他早年学过武生，在"四大名旦"中，武功最扎实，演技中柔中带刚。二、其唱腔高亢圆亮，念白除韵白外兼擅京白，舞台动作幅度夸张，节奏鲜明，刚烈中富于柔媚，柔情中蕴涵坚贞，在舞台上为观众塑造了一个个充满阳刚之气而又妩媚多姿的侠义女性的形象。

第七节

入宫唱戏

艺人入选清廷升平署,有现代的科学家当选院士之感,虽然这样形容有些勉强,意思却是这个意思。

早期在宫内演戏的演员,有"内学"与"外学"两种。"内学"指学戏的太监;"外学"指八旗子弟选入宫中学戏的人员。到了同治年间,慈禧太后认为无论是"内学"还是"外学"水平都不行,令升平署从宫外选名伶进宫为内外学者传艺。这些名伶拿升平署俸禄,称"内廷供奉",要不定期应召进宫演出。

之后慈禧太后又不满足了,不仅扩大了升平署内廷供奉的人数,还时常传宫外戏班整班人马进宫唱戏。内廷供奉最多时达 110 人,能有升平署内廷供奉的头衔,当然是一种艺术水平的认证。

尚小云成名时，已是民国，虽然紫禁城里还有个皇帝溥仪，朝廷却是名存实亡了，当然也不会再选什么内廷供奉。但1922年溥仪大婚，尚小云（还有梅兰芳等）却被选中入宫唱戏，这也算是得到了类似入选升平署的认证。

溥仪大婚的日子是1922年12月2日，农历壬戌年十月十四日。当时溥仪16岁，皇后是婉容，同时还娶了一个妃子文绣。

20世纪30年代的尚小云

皇后入宫的时间早一天，在1日晨4时。轿子抬到坤宁宫，溥仪在那里接着皇后，一同入了洞房。

第二天开始婚礼。一早起来，皇后先行"捧柴"仪式，再与皇上溥仪在天地香案、喜神案、灶君案前行三跪九叩礼。行礼毕，双双进东暖阁用早膳。

上午9点，正式婚礼开始。溥仪与婉容到寿皇殿（在景山后）向列祖列宗圣容上香行礼。

上午10时，戏剧演出开始，地点在漱芳斋。这天一直演到上灯时分，共演出12出。

12月3日，是盛大的受贺礼。皇帝升入乾清宫宝座，接受王公、大臣、民国要员和外国使节的祝贺。当然，宫中也用戏剧招待来宾。宫中的戏连演了三天。

尚小云参加了这三天的进宫演出，他演出的剧目是《春香闹学》和《四五花洞》。其他入宫演出的演员和剧目有俞振庭、余叔岩的《青石山》，王瑶卿、龚云甫的《泗州城》，大轴是杨小楼的《艳阳楼》，可见皇家对杨小楼的喜欢。在大轴前，皇上传旨要余叔岩加演《珠帘寨》，这样余叔岩这出戏就成了压轴戏。

演出的过程是这样的，先由太监们来一出《跳灵官》，三分钟的样子，有点开场舞的意思；开场戏是昆腔《连福迎祥》。开场戏结束了，有太监到后台传旨："迎请——"这时外面唢呐吹起了《一枝花》，皇帝与皇后入座了。然后再吹起唢呐，这时老太妃又入座了。与皇帝和皇后一同看戏的王公大臣有六十多人。

演出结束后，尚小云、梅兰芳和杨小楼得到溥仪赏赐是一只鼻烟壶，梅兰芳还得三百元及"袋料"、文玩四件，余叔岩独得珍版《毛诗》一部和三百元。

入宫演戏，这是最后一次了。一年后，冯玉祥发动"北京政变"，溥仪等被赶出了紫禁城，自此，升平署、内廷供奉和入宫演出，就永远消失了。

第八节

写新戏

所是有生命力的事物,都有一个特征,会不断自我创新。

京剧也是这样,它从徽班演变过来还没有多少年,本身还是一个新戏种,但观众已经不满足了。观众不满足的原因是,它传承的大多还是传统戏。

这时的京剧,如果自身能创新,它才能发展。

创新有两种方式,一种是另挖一口新井,如从徽班中脱颖而出京剧就是这样;一种就是对原有的井深挖,开拓新意。民国时京剧兴起了对传统戏剧进行新编,就是这样。

当时戏剧新编的背景是,民国了,女子不能进戏园的规矩打破了。就看戏而言,男人是"听"戏,去听戏中的艺术水准;女人则是"看"戏,要看角色的装扮,要看角色的外貌,一句话,要看演员的外貌。

另一个背景是,戏曲的社会功能被革命者发现了。戏不仅是供人娱乐的,而是要发挥它的教化功能,倡导社会文明与新道德的功能。

第三个背景是,西方的剧种进入中国,西方剧种的舞美和剧情形式等,也在影响着中国戏剧。

这样,新造型与新内容的戏,汇成了新戏的潮流。

最早创编新戏的是梅兰芳。1921年起他就编出新戏多出。

尚小云也不甘落后,也编出了《红绡》《秦良玉》《五龙祚》。就像梅兰芳得力于学贯中西的编剧齐如山等人一样,尚小云的新戏前一部得力于泃疏厂(身平无考),第二、三部得力于清逸居士。

《秦良玉》,尚小云饰秦良玉

这个清逸居士就是皇族子嗣、袭封了庄亲王的爱新觉罗·溥绪。

溥绪长期与杨小楼合作,为杨小楼编过《野猪林》《山神庙》《吴三桂》等武生戏。他还为其他名角写过剧本。在尚小云与杨小楼合作时,他为他俩写出了《楚汉争》这部新戏,从此他与尚小云也熟悉了。

《秦良玉》的剧情是:农民起义军闯塌天率部攻下夔州(今重庆奉节县)石柱司,明宣抚使女将军秦良玉勤王,明廷下诏褒

Shang Xiaoyun 尚小雲

奖,召见,赐以锦袍、诗句,令其攻蜀。秦良玉率军至二郎庙,闯塌天预埋地雷,被秦良玉识破,秦良玉连夜转移,拔营而去。闯塌天以为秦良玉已被炸死,往劫其营,秦良玉乘虚攻入夔州,杀死闯塌天。锦州牧陆逊之前来犒军,见到秦良玉,慕其颜色,挑逗之并欲纳为妾,秦良玉愤怒,由此认识到朝廷命官不过是些衣冠禽兽,欲杀之不得,拟自刎,诸将跪求,秦良玉乃斩御赐锦袍之袖,以示与朝廷决绝。

秦良玉是女将,在历史上真有其人,明史有传。当年明思宗曾赠她诗一

《秦良玉》,尚小云饰秦良玉

首:"蜀锦征袍手制成,桃花马上请长缨。世间不少奇男子,谁肯沙场万里行。"清逸居士为尚小云度身定制,根据清董榕《芝龛记》传奇编出此剧,通过突出展示尚小云的唱功与武功而打造出了一个鲜明的女侠形象。如秦良玉挥师入川时,有大段"铁嗓钢喉"的二黄唱腔,十分震撼;武功最了得的则是"马上"与"马下"。在秦良玉(尚小云饰)与闯塌天(武花脸范宝亭饰)对打时,闯塌天被挑马下,秦良玉立即驱马上前将他刺死于马下。舞台上并没有马,只有演员手中握

《五龙祚》，尚小云饰李三娘　　《玉堂春》，尚小云饰苏三

有一鞭。一个如何表演在马上，一个如何又坠了马，一会儿再表演马上挺枪刺马下人，难度极大。但尚小云与范宝亭配合得十分成功，其中旦角在"侠"字上的突破，对朝廷官员的鞭笞，让此戏于1924年5月15日在广德楼戏园（位于前门外大街大栅栏街39号，兴建于清嘉庆元年，即1796年）一开演就占住了风头。此剧在20世纪20年代，由百代唱片公司灌录了钻针唱片。

1924年，清逸居士再为尚小云编了《五龙祚》（又名《李三娘》）。此剧的故事是：刘智远不得志时，于药王庙偷鸡，得遇李修元，李修元还将女儿三娘嫁给了他。李修元夫妇死后，三娘的哥哥李洪义夫妇嫉妒刘智远，屡次想加害他。刘智远守瓜园时，降服了一个瓜精，并往邠州投军。刘智远走后，李三娘的兄嫂就逼她改嫁。李三娘不从，兄嫂就逼她推磨、打水，苦受折磨。李三娘在磨坊劳作时产下儿子，命名咬脐郎，嫂嫂竟夺其子投入河中。孩子为窦老所救，护送至邠州。这时刘智远因军功升为节度使，咬脐郎也长大成人。一日出猎，遇三娘于井

台,代其寄书给刘智远,刘始知妻子情况。他遂易服回家,磨坊相会,擒了李洪义夫妇,一家团圆。

此剧于1924年10月19日首演于广德楼,也很成功。由此《五祚龙》《秦良玉》《红绡》《张敞画眉》这四出新编戏轮流登台,让尚小云的名声节节攀升。

从此之后,对于传统戏进行新编,成了尚小云演艺一生中经营不辍的事。或增头加尾,或连缀折子戏,或删繁别冗,目的就是使主题突出,情节完整,人物鲜明。出新的办法呢,就是根据自己独有的文武并俪、各行皆工的特长,对唱腔、扮相、表演、布景等进行创新。他曾改编演出的戏剧有《玉堂春》《十三妹》《梅玉配》《涤耻血》《詹淑娟》《天河配》《雷峰塔》《春秋配》等数十个传统剧目。20世纪30年代末,尚小云将传统折子戏《战金山》

《雷峰塔》,尚小云饰白娘子

《十三妹》尚小云饰何玉凤,尚富霞饰安骥

69

整合起来，从《玉玲珑》（又名《妓女杀贼》）起，到《战金山》结束，全剧定名《梁夫人》。到 1950 年前后，尚小云又加工精编，易名《梁红玉》。其中《许婚从军》的唱段和《擂鼓助阵》的擂鼓表演尤为精妙。到此尚小云还不满足，他根据清宫画家郎世宁所绘的香妃半身戎装像，改进了传统的女靠，使梁红玉的形象更加英俊挺拔，让此剧更加精彩。

第九节

中西结合的摩登伽女

如果说上述新戏还是在编旧如新，那么到了1924年3月，尚小云开始排练的中西结合的《摩登伽女》，则是他早年创作全新剧目的一个尝试。

尚小云在技艺上是守旧或说坚持传统的。如梅兰芳喜欢青衫与花旦相结合的花衫，尚小云却在表演路数上将青衫和花旦分得清清楚楚。但业内人士没有想到，他竟喜欢剧目的创新。

《摩登伽女》也是清逸居士编剧的。故事是外国的故事，他是根据东汉安世高翻译的《摩邓女经》、三国时代竺律炎翻译的《摩登伽经》以及般刺蜜帝翻译的《楞严经》相关内容编写的。

《摩登伽女》，尚小云饰钵吉帝

　　《摩登伽女》的剧情曲折生动：摩登伽女本是首陀罗种姓（奴隶阶级）的年轻女子。有一天，释迦牟尼的弟子阿难从只园精舍出来，持钵到城内乞食。回舍途中，他见到路旁一个大水池边，一位属于"摩登伽"种姓的摩登伽女正在池边打水。阿难走路口渴，便请她布施一钵水。

　　打点水给别人喝，本来不算什么事。但阿难是释迦牟尼的弟子呀，在种姓等级上属于第二等级。印度有森严的种姓等级，人分四等。摩登伽女属于第四等人，摩登伽在印度梵文的意思则是"恶作业"。于是摩登伽女自认为身份低贱，不敢将水呈给阿难。阿难看出她的为难，再度慈悲地向她乞求一钵水，他说，在佛的眼里，众生平等。他因此感动了摩登伽女。阿难庄严的仪表，翩翩的风度，慈悲的音容，从此回荡在她的心中。回家之后，她日夜思念着阿难，茶不思，饭不想，这很令母亲十分担忧。一天，摩登伽女请求母亲施法，让她能得到阿难做自己的丈夫。

母亲出身于古印度旃荼罗族，旃荼罗族人有一种特长，即会妖术，会符咒，会幻术，能摄人魂魄。母亲知道阿难是修道人，不易动摇。但又出于对女儿的疼爱，她只能帮助女儿。她便施起魔咒，令阿难不由自主地走进了摩登伽女的家中。阿难动了凡情，要与她成婚。但佛祖具有洞察一切的本领，他以天眼观知阿难正处于女难之中，于是派文殊菩萨前去光明护佑，令阿难一念灵觉，摆脱了摩登伽女的人世情感，夺门而出，奔回只园精舍。但摩登伽女仍不死心，追到精舍，继续纠缠阿难。阿难便来请求佛祖帮助。

佛祖邀请摩登伽女及其双亲一起来到僧团，经过她父母同意，将摩登伽女留了下来。佛陀向她说，若想嫁给阿难，就须先在僧团修行，直到道行与阿难相当时，才能和阿难结婚。摩登伽女当即答应，欢喜地剃度出家，每天遵照佛祖的指示，精进修道，在比丘尼僧团中过着佛化的生活。一天一天精进修行的摩登伽女，终于醒悟了对阿难的执着之心是一种错误，她跪倒在佛陀祖的座前，忏悔自己的愚痴行为，发愿服膺佛陀的教法，做一个真理的使者。佛祖为她的觉醒感到欣慰。到此，这出戏的潜台词已经很明确——佛祖会让最下等级的贱民成佛，佛主张的是众生平等。佛祖在全戏终了时，让观众明白了他的这句话的内涵："我是海洋，你们是百川，百川入海洋，同成咸味的海水；你们大家一入佛海，也就一律平等，更无贫富贵贱可分了。"

对这部现在看来有着十分进步与文明意义的戏剧，当时却有不同意见，尤其是在传统文化意识很强烈的北京的京剧界，不少人认为，这出戏太外国，太不合中国传统，太出格了。不过尚小云决定尝试，并且是认真地尝试。

在道具上，他弄来全套洋装，西洋烫发的头套，玻璃丝袜，西洋的连衣裙、高跟鞋，就是一般的彩鞋也加上个底。布景也是洋画面，用大布景和变幻的灯光造就了古印度绮丽的风情。

伴奏上，他请我国文明戏创始人之一、擅长各种西洋乐器的朱蛛隐（旭东）

先生参照《英格兰女儿曲》设计出了全剧的曲谱。他还请了英国舞蹈老师为自己传授了西洋舞技。因为舞曲是西洋的,他请著名京剧老生杨宝忠担任小提琴伴奏。杨宝忠也是个追逐新潮的人。他正在尚小云创办的协庆社与尚小云同演《定军山》。但尚小云还知道,他向朱蛛隐学小提琴学得很不错了。钢琴也是演奏西洋曲谱所不能少的,尚小云请的是女学生吴晨兴(又说是北京关记琴行的一位琴师),每次演出,都要花力气去借一架钢琴来,演后再送还。但为了演出效果,尚小云乐此不疲。

《摩登伽女》,尚小云饰钵吉帝

戏排好了,彩排试一下,并不得人看好。戏曲界德高望重的陈德霖老先生这时也开口批评尚小云,说此剧"完全出了旧戏的范围";梅兰芳的专职编剧齐如山也大摇其头,质问道:"都说你是正宗的青衣,看了这出戏,我不禁要问,你的正宗青衣到什么地方去了?"

但尚小云是个倔脾气。他坚持要上演。

1927年1月16日此剧在北京新明戏院上演。上演后观众的看法却与专家的看法大相径庭。民乐与西洋乐，佛门与古印度的装饰，摩登伽女的纯朴，阿难的真诚，母亲的勇气，佛祖的仁慈，还有无处不在的艳丽背景，让全剧高潮迭起，甚至观众会伴随着戏台上演员的边歌边舞而有节奏的长时间鼓掌。

尚小云和他的《摩登伽女》一时红遍京城，只要演这出戏，票价就要加一块钱。后来他组建了科班，当他科班有困难的时候，只要他连演两场《摩登伽女》，肯定场场客满，其票房收入就能缓解科班的拮据。

这个戏给他带来的成果是，1927年6月，《顺天时报》举行了"征集五大名伶新剧夺魁"的投票，范围限定梅兰芳、尚小云、程砚秋、荀慧生、徐碧云五人，每人各有五部新戏作为候选；尚小云参与候选的五部新戏是《林四娘》《五龙祚》《摩登伽女》《秦良玉》和《谢小娥》。报社要求读者投票选出每人新戏中的最佳剧作。结果是，22天内报社收到选票14091张，五大名伶各有一部剧目当选，尚小云的《摩登伽女》以6628票当选，且是所有当选剧目中得票最多的。

第十节

名角的范儿

尚小云是在 1925 年成立了以自己为班主的戏班协庆社的。协庆社的成立,标志着尚小云创立自己流派的开始。

但在创派立宗前,他的范儿已经形成。

有范儿的前提是衣食无忧。1923 年前,尚小云已在北京宣外棉花六条买了房子,自己一家与母亲和弟弟同住。1923 年,他在位于现在北京西城区椿树胡同购置了门牌号为"椿树下二条一号"的宅子。整个宅子坐北朝南共三室,专用于创作与会客。他之所以在椿树胡同置宅子,是因为这里文化氛围好。先后住在椿树胡同的名人,数之不尽。如乾隆十九年(1754)进士、翰林院侍讲学士钱大昕,住椿树头条胡同,写出了《潜研堂集》。嘉庆六年(1801)进士、礼部左侍郎陈用光,住椿树二条胡同。雍正二年(1724)进士、工部尚书汪由敦,住椿树三条胡同,并把他的宅子命名为时晴斋。他走后,乾隆时期的诗人赵翼来此居住。

因为也有文化素养,清末民初,富有的艺人纷纷在椿树地区购房置业。"十全大净"金少山,住椿树上二条,名伶江顺仙住东椿树胡同,京剧新星荀慧生住在椿树上三条11号。梨园宿将余叔岩住在椿树上二条,因为他有夜半三更吊嗓子的习惯,痴迷他的戏迷们为听他这一嗓子,大半夜的披着棉猴跑到他家院门前候着,成为小胡同里热闹非凡的一景。见到此光景,尚小云当然也被吸引,到此买了宅子。

尚小云将椿树下二条一号宅子的北室当成了会客厅,取名"芳信斋"。室内东墙上,有成亲王的手笔"管领群芳"。西墙上挂着历代巾帼英雄和帝王的像,这是清朝一位贝勒赠送给他的。屋里有几桌,上面摆放着翠瓶玉磐、宋明清的瓷器;明柱上则左琴右剑,与墙角锦瑟、书案上的垒帖叠函、瓶中的玉笛、椅背上的虎豹皮一同勾勒出主人的学养品位。

东室,是尚小云的书房,门楣的横匾上写着"检云书屋"。

西室,横匾是清朝帝师翁同龢手书的"师竹斋"。这是尚小云习鼓、弹琵琶、绘画、练书法的地方。

尚小云的生活习惯是好喝茶,还很特别。有演出时,他绝对不喝凉茶,也不喝温茶,要喝滚烫的茶。他从不怕烫,刚沏的茶,他端起来就喝;刚刚倒出来的开水,他端起来就能漱口。在戏院后台,他有专用茶壶,有专人保管。一下场,他就要喝上刚沏的滚烫的茶。茶温了,冷了,他是要发脾气骂人的。他还有一个特殊的本领——夏天演出,无论多热,他只是前后胸、腋下的衣服有些湿,脸上无汗。等到演完了戏,卸了装,这一身汗才哗地下来。原来,尚小云把汗都摄含在体内,什么时候松弛了,才叫它排出体外。汗出了,当然马上要补水,烫也就顾不得了。长久下来,也就不怕烫了吧。

程砚秋、梅兰芳、尚小云《西厢记》戏装合影

    尚小云的另一个生活习惯是好美食。这大约是因父亲和自己在那府里当过差而养成的。天福号的酱肘子,自己厨师做的春饼、干菠菜饺子,都是他的喜爱。他特爱炒年糕之类的甜食,每顿饭后还总要吃一块鲜奶油蛋糕。对荷叶也情有独钟,爱吃荷叶肉、荷叶包子、荷叶粥(把荷叶放在糯米里一同熬粥)。他还是祥聚公糕点铺的常客,铺里的油糕、姜汁排叉、蜜三刀、玫瑰饼、鲜花藤萝饼、月饼也是他的常选。到了过年时,最不能少的是炒黄豆芽,尚小云称其为"如意菜"。

尚小云好美食，对自己厨师要求就十分严格。选料必须上乘，火候要恰当；有演出那天，不吃晚饭，但演出后必定要有一桌比较丰盛的宴席。如果厨师的菜没有达到他的要求，尚小云的火爆脾气就发作起来，就会抢厨师的手表来摔，有时发起火来还会掀桌子。

尚小云还有一个习惯就是不抽烟不喝酒，但爱吃零食，如花生、瓜子、水萝卜、梨，这些几乎吃个不停。他还爱喝汽水，汽水必定要喝上海"正广和"。北京买不到时，就托人在上海买，买后运回北京。冬天，北京干燥，尚家的水萝卜和梨总储存着一大堆。不过也有例外时，一到有戏时，为了保护嗓子，零食就不吃了，吃饭也不沾荤，也不吃酸辣等刺激性的东西，完全吃蔬菜。逢有戏时，尚小云一般是上午十点起床，十二点钟吃午饭，饭后溜达溜达，三点钟又睡，四点半起来，喝点茶，就一声不吭地保养精神。平时他是个大脾气的人，这时脾气也不知藏到哪儿去了。无论是谁，不管你说什么，他都不理睬，一心想着晚上的演出。

尚小云是角儿，脾气大，爱骂人，爱发火是人人都知道的。有一次，他与老伙伴、丑角高富远合作演戏，高富远念错了台词。这场戏中有尚小云饰演的角色掌掴高富远饰演的角色的情节。平时，尚小云只做一个掌掴的假动作，但这次，在高富远念错台词后，尚小云竟火冒三丈，抬手就给高富远一个真正的大嘴巴。观众不知情理，还在那里喝起彩来，高富远则是伤心透了。

不过尚小云是脾气来得快也去得快，从不往心里记恨人。打了人，知道自己过火了，也会去道歉。他的厨师开始怕他，后来也习惯了，甚至会冲着尚小云说："你摔吧，反正我的手表都是便宜货。"这么一说，反倒把尚小云说笑了。

尚小云很有侠肝义胆。这表现在，一是好客。每个月，他都会请梅兰芳、程砚秋、荀慧生等聚会，前门外的泰丰楼饭庄、珠市口的丰汉园饭庄、煤市街的致美斋饭庄都是他常常设宴的地方。他不抽烟不喝酒，却带着好烟好酒供朋友们快乐。有时正和别人说着戏呢，听见门外有小贩卖面茶、烫面饺的吆喝声。只要有人想吃，就让人叫进来，说："全包了！你们吃吧。"吃完这个，门外又来了卖别的东西的。只要还有人想吃，他还让人叫进来，全包。

二是最会仗义疏财。他有个"尚五块"的绰号。这个绰号是这样来的：只要是梨园行和朋辈中的人，甭管认识不认识，找上门来，向他求助，他便不问情由，出手就给五块大洋。那年月，一袋洋面才二块钱，三十五块大洋就能买一两金子！与尚小云长期合作的"武花脸"范宝亭去世了，他身后无儿无女，只有孤苦无依的老妻王氏。当尚小云得知范家拿不出买棺材钱时，对王氏说："范大嫂，您别着急，范先生的后事，我全包了。"几天后，报纸上刊出有这样一条小消息："老伶工范宝亭……善后诸事由尚小云补助料理一切。"

三是最肯鼎力助人。20世纪30年代，"麒麟童"周信芳从上海北上北平，有意在京城开创演艺新路。那时京剧有"京派""海派"之分，两地票友还有门户之见。周信芳当时只是沪上名角儿，并不得京城戏迷青睐，初来乍到，很受冷落。唯有尚小云每天晚上都去戏院听周信芳的戏，为他捧场。每次去戏院，他都要求司机一路开一路按汽车喇叭，好引起路人的注意。听到汽车的喇叭，一看是尚小云的车，京城的人会说："瞧瞧，尚先生又去听戏了。""听谁的戏？""麒麟童的。"几次下来，"麒麟童"周信芳就得到了京城戏迷们的关注。

尚小云还是一个大孝子。他对母亲向来是绝对服从。老太太个子矮，要打儿子又够不着，尚小云就会跪下让她打。尚小云爱穿西装革履，有段时间，他还随着时髦穿起了白色麂皮皮鞋。老太太看见了，不让他穿，因为老话说，平日穿"白"鞋不吉利。尚小云只好出门时先穿上一双不碍老太太眼的鞋，道过别后，再到门房换上预先藏在那儿的时髦的白色麂皮鞋。回来时，先在门房换下白皮鞋，再进屋见老太太请安。他还会亲自给老人家烧鸦片。他自己不抽鸦片，因为母亲及夫人（原配李淑卿）都会抽，尚小云每天睡觉前要给她们烧烟。

尚小云在排戏上最大的范儿是撕剧本。后来的"新四小旦"之一的张君秋曾回忆说，尚小云把背好的剧本交给张君秋，每背一段就问张君秋自己背的对不对。张君秋说："一字都不差。"这时尚小云就会把剧本的这页纸给撕了。剧本一页页撕光了，全部台词也就一字不错地背下了。到排练时，他不仅把自己角色的词背得一字不错，也把别的角色的词背得一字不错，不用看剧本，也不用别人提词，加上早已准备好的唱腔、身段等，一出戏就很顺地排好了。

尚小云在表演上最大的范儿是一晚上的戏，能一人从头顶到尾。他把咽喉腔、口腔、鼻腔的发音共鸣运用到见棱见角、松弛吐放、字不虚弹、音不虚有的地步，即使不易顶上去的地方也要强度，形成别具一格的"勒腔"和"坠腔"，故有"铁嗓钢喉"之称；他唱腔高亢刚健，气力充沛，更善于运用立音、颤音、顿字和一种"节节高"的唱法，越唱越有有劲，越唱越红火，让观众越到最后越不想走。

尚小云最后一个范儿，是教学严格。这，当他在创办了自己的协庆社和荣春社科班才体现的出来，暂且不表。

第十一节

创办协庆社

要想成为一派,当从创办自己的班社开始。

谁不想自己创社,不过创社是要有基本条件的。京剧大师谭鑫培之孙、谭小培之子谭富英说过,要创社,最少要符合台上台下两个条件:"第一得台上的玩意儿能站得住了,谈不上多么好,可也别砸锅;第二得要台下的人缘儿好,培养住了一批基本观众,不论刮风下雨,你一唱他就来听。假如挑了班儿啦,上座不好,赔钱还是小事,多丢人哪!再给人'挎刀'也来不及啦。"

看看,创社是有风险的呀——要创就要创成功,一旦创不成功,你回头来替人"挎刀"(当配角)人家都不要了。

但尚小云在1925年还是创社,或用北京话说挑班了,组建了协庆社。

这年他25岁。他符合上述两个基本条件。尚小云台上的"玩意儿"自不用说,他台下的人缘儿不但好,还特别地表现在"与政府走得近"上。

还在1923年时,尚小云在曹锟的总统府,为议员们演过《南北和》。尚小云去为议员演出,唱的是这段南北和好的戏,对议员们是深藏着规劝之义的。

同年,他还与余叔岩合作,为各国驻华外交使团演出过《御碑亭》。余叔岩是春台班老生演员、京剧创始人余三胜的孙子。余叔岩也唱老生,在全面继承谭(鑫培)派艺术的基础上,丰富了演唱技巧,成为"新谭派"的代表人物,世称"余派"。《御碑亭》讲的是中国的传统文明。尚小云为外国使节演唱这出戏,其传播中华文明的意思是不言而喻的。

这年,他还为前财政厅长张英华儿子的婚礼去天津江西会馆唱过堂会,到奉天(今沈阳)为张作霖五十大寿唱戏贺寿,为原陆军总长靳云鹏唱过堂会。

由上面这些活动可看出,尚小云确实与政府走得很近。这样,在孙中山病逝后,他成为京剧界代表之一,前往中山堂吊唁孙中山。京剧界的代表还有梅兰芳、余叔岩、高庆奎。

与政府走得近,是尚小云台下人缘好的一个表现,加上他台上功夫好,协庆班一创办就很红火。

尚小云三弟尚德福在科班学戏时被打死了,这是他心中永远的痛。尚小云还有个五弟叫尚富霞,也加入了科班,这年出科了,就加入了协庆班。尚小云很疼爱五弟,让他配演小生。

协庆社成员还有:

执教:李寿山,他是尚小云的岳父。

管事:赵砚奎,他一直是尚小云的琴师。他后来成为"四小名旦"之一的张君秋的岳父。

老生:言菊朋,为谭派。言菊朋走后是马连良接替此角色。马连良是京剧老生行当的代表性人物之一,"马派"艺术创始人,京剧"四大须生"之首(另三位是余叔岩、高庆奎、言菊朋);"四大须生"的后三位先于他去,他又与谭富英、奚啸伯、杨宝森并称"后四大须生"。他是民国时期京剧三大家之一,扶风社的招牌人物。

花脸:侯喜瑞,有"活曹操"之称,与郝寿臣、金少山在当时并称"三大花脸"。

小生:朱素云和茹富兰,朱素云有"第一小生"之美誉,茹富兰是梨园世家出身,其祖父教过梅兰芳武功戏与跷工。

程砚秋40余岁时与尚小云合影

武丑:王长林,擅长武打。

花旦:筱翠花(于连泉),是近代花旦艺术"筱派"的创始人。

小丑:马富禄,与梅兰芳合作过,有"著名小花脸"之称。

武旦:九阵风(阎岚秋),以"武旦第一人"红火当时。

这个阵容,在舞台上一亮相,不火也难。

创社能成功,"与政府走得近"是重要因素之一;创会且当了会长,"与政府走得近"也许更是这个因素在起作用。

1926年1月,尚小云当选为北京梨园公会会长。

北京梨园公会是戏曲艺人自己组成的行会。开始叫"精忠庙",产生于清中期。明代时,在北京城东珠市口修建了精忠庙,供奉岳飞。在大殿左侧,建有一座天喜宫,供奉着戏曲祖师爷的圣像。每到年末腊月,梨园人士都来拜祭。明末清初戏曲界自行组织了梨园会馆(梨园公会的前身),馆址就在天喜宫。因为天喜宫就在精忠庙内,所以人们习惯上也会把梨园会馆称为"精忠庙"。

精忠庙主要职能有:1.传达政府法令、官员指示;2.协助政府管理戏班、戏园；3. 为升平署组织艺人进宫演出；4. 为广大艺人谋福利，保障其演出和生活的进行；5.解决戏曲艺人内部纠纷。

精忠会的领导叫"庙首"或"会首"，先由大家公推，然后由清廷事务堂、内务府呈报批准。最早一任庙首是带着第一个徽班三庆班进京的京剧著名演员高朗亭。

民国建立后，时任庙首的梆子花旦演员田际云向民国政府申请成立新的梨园自治组织"正乐育化会"，从此结束了精忠庙的历史。第一任会长是谭鑫培，田际云为副会长。正乐育化会比较注重会外事务，会参加政治活动，如为革命领导人黄兴到京举办过欢迎会，还会邀请各界人士来会演讲。正乐育化会还创办了育化小学，鼓励梨园界子女入学读书。可见正乐育化会已比精忠庙现代化了不少。

梅兰芳、尚小云、程砚秋合影

自1923年谭鑫培、田际云相继去世后，正乐育化会取消。1924年著名武净演员许德义邀集了富连成科班班主叶春善、总教习萧长华以及名伶杨小楼、余叔岩、梅兰芳、尚小云等五十多人，在正乐育化会基础上组织成立了北京梨园公益总会，简称"北京梨园公会"。尚小云和梅兰芳、余叔岩、杨小楼等同为公会主持人。到了1926年，侠气过人的尚小云就升任了会长。

尚小云在任会长期间，做的比较有名的事是，在1931年与梅兰芳、程砚秋、荀慧生这三位名旦及杨小楼等名角，各捐款300元，在北京前门外樱桃斜街34号购地12亩，作为梨园公会的会址，取名梨园新馆。他们之所以要购新馆，是因为原馆被一富商强行霸占，开了家天寿堂饭庄。梨园会馆到政府控告，

尚小云赠送荀慧生的绘画作品

但富商有钱有势，艺人戏唱得再好，社会地位却很低，结果会馆打输了官司，只得另行选址。不过天寿堂饭庄也没有好果子吃。当时北京高档饭庄都设有戏台，遇到喜庆宴会时，就邀请戏班唱堂会。与天寿堂的官司打输后，梨园会馆一声令下，所属戏班绝不到天寿堂演出，还将此规定写入行规。结果天寿堂生意因为没有高档戏班前去演出而十分萧条。

第十二节

帮衬富连成

尚小云所创办的协庆社发展得很好,除了他班底实力雄厚、台下人缘好外,还在于他保持了不断创编新剧的好做法。1928年,他推出《婕妤当熊》和《千金全德》。《婕妤当熊》是讲汉元帝猎熊时,熊反而袭击了元帝。关键时刻元帝的婕妤夺下侍从配刀,只身与熊搏斗的故事。《千金全德》讲的是五代时高怀德之女高桂英与石守信的故事。有趣的是,周恩来总理在南开学校上学时,参加了学校的新剧团,编排过《千金全德》,他饰演过高桂英。

1929年,尚小云又排出了《卓文君》《珍珠扇》《峨眉剑》。《卓文君》是耳熟能详的卓文君因爱情与司马相如私奔、宁可不当小姐而当垆卖酒的故事。《珍珠扇》的剧情是:吴天利

《婕妤当熊》，尚小云饰婕妤

攀附奸相严嵩成了松江知府，这时他表兄安兴周偕妻任月英前来投奔他。吴天利见任月英貌美，就有了霸占的意图。吴天利的妻子苏月蓉，为将门之女，洞悉其奸，劝之不从。吴命爪牙加害表兄安兴周，将他推落水中，再回来逼月英嫁给自己；苏月蓉纵月英乔扮男装逃走，又为强盗白耀掳上山寨。白耀有姊姣兰、芳兰，她俩皆劝白耀娶了任月英。这时月英怀有身孕，将实情告诉二女。二女便将她留于山寨，好生伺候。安兴周落水后，因持珍珠宝扇得以不死，回见吴天利。吴天利佯赠银，又暗遣仆计成伏要道截杀。这时白耀出山打劫，救安回山，夫妻重会，姣兰、芳兰也一同嫁给了安兴周。任月英父效甫与苏月蓉之兄苏昌奉旨招抚白耀，一家相逢，乃拿问吴天利，救出苏月蓉。《峨眉剑》则说：在很久以前，有一位白发老翁云游到峨眉山下，深爱峨眉山的鸟鸣猿啼、山清水秀，于是就在山上结草为庐定居下来，创"白猿剑二十四法"……尚小云编出的新戏还有很多出。

但富连成社这时却危机重重了。

富连成社是中国京剧最早的科班之一。1904年由吉林商人牛子厚出资，京剧演员叶春善创办。开始叫喜连升，后改为喜连成。1912年夏出资人改为沈昆，改名为富连成，叶春善仍为社长。二十多年下来，该社培养出了"富""喜""连""盛"四字科大批人才。然而到了1933年，叶春善率"连""富"两科学员去济南演出时,突发脑溢血,导致半身不遂。大儿子叶龙章被从东北军炮兵团军需任上召回北平,接任社长。他年轻,无力掌控大局。更糟的是,财东沈家破产了,位于虎坊桥南路的住房、演出道具等,被法院查封抵债。法院将演出道具标价一万元,还要求购者必须一次性全部买下。但几个月挂牌下来,无人问津。

叶家人卖了自己家仅有的一座房子,再恳求法院把道具标价降到了七千,把它们全都买了回来。这样,富连成真正成了叶家的科班。

《卓文君》,尚小云饰卓文君

富连成社的总教习萧长华来找梨园公会会长尚小云,请求帮助。他其实有些不好意思来的,因为有一种说法是,当初尚小云并不是由那王爷推荐到李春福戏班学戏的,最初是尚小云的母亲张文通带他去投考富连成科班,当时社长叶春善以他"骨架过大"不是唱戏的料而拒绝收他,然后他才去李春福戏班学戏的。这样,从某种意义上讲,尚小云从小与富连成是有过节的。三十年河东三十年河西,风水轮流转,现在转到尚小云成名了,富连成危机四伏了。但富连成到了这个节骨眼上,已没有人肯帮了,总教习顾不得其他了,只能来找本会"领导"了。

生性侠义的尚小云听懂了他的意思,没等他把话说完就表态:"用钱,我兜着!要排新戏,我把刚唱的几出戏给您这儿排出来。"过去演艺界有一句话,叫"宁舍十亩地,不让一出戏"。尚小云让出自己社唱红的戏,那是一种多大的支持!

尚小云马上去了富连成社。时间大约是1935年秋。

他为富连成社排的第一出戏是《红绡》。剧情是：唐代，歌妓红绡貌美，崔生与之一见钟情，相思病重。黑奴摩勒决定促成好事，背起崔生穿越万重高墙，又杀死凶猛如虎的看家狗，使其顺利地与红绡会面，两人决定永远在一起，摩勒又同时背起二人越过高墙回到家中。此剧由富连成的"科里红"、长得极像梅兰芳的李世芳演红绡，袁世海演昆仑奴。尚小云根据二人的特点，既保留了李世芳的唱腔特色，又突出了袁世海"打狗"的戏份，此戏更名《昆仑剑侠传》，一登台就十分出彩。

为富连成科班赶排的第二出戏是从《玉虎坠》改编而成的《绢绢》。这是专为富连成科班的旦角毛世来度身定制的。此剧说的是英雄马武下山访贤，见冯彦武艺高强，就请其上山聚义。冯彦不从，马武想出一计，打算杀了恶霸王迁，嫁祸冯彦，逼其上山。不料马武错杀医者王腾。在马武将王腾的人头挂在冯家后，冯彦继母田氏因嫉冯彦，诬其杀人；县官察觉到田氏可能是诬告，欲对她用大刑，但很有孝心的冯彦马上自诬招供，被收入监中。县官将王滕之女娟娟暂时寄居到慈悲庵。这时田氏还不收手，又诬冯彦妻伏氏与人通奸，将其母子赶出家门。雨夜，伏氏母子走投无路，也投往尼庵。庵中，伏氏遇见王腾之女娟娟。伏氏与娟娟互诉原委，解除了误会。娟娟将家传宝物玉虎坠赠给冯彦之子冯义，让其变卖，作为盘缠前往洛阳告状，并与冯义订下终身。冯义大街叫卖玉虎坠，被大将军王元的队伍强行征兵入伍。伏氏与娟娟奔洛阳寻子告状，途经太行山下，又被马武部下劫至山上。马武问明情由，羞愧交加。适逢冯彦被押解洛阳，经过太行山，马武率众下山，劫囚车，救下冯彦。又遇同样前来劫囚车的冯义，冯家团聚，与马武同上太行山聚义，娟娟与冯义成就美好姻缘。此剧故事曲折，又根据毛世来的唱调特别设计，也是一炮打响。

接着排出第三出戏《金瓶女》，又为叶盛兰排了《秦良玉》。叶盛章是专攻丑角的，尚小云自掏腰包，请还珠楼主（李寿民）专为叶盛章写了一个本子《酒丐》。这出戏的主角是乞丐范大杯,尚小云为他专门设计了"轴棍"(悬空吊一横棍,演员在棍上表演各种动作)、"筋斗蹿窗"等动作和极讨观众喜欢的除暴安良、伸张正义的情节,让该戏成了叶盛章的经典作品之一,既创新出了一部以丑角为主角的剧目,也为叶盛章奠定了"丑行第一人"的基础。

短短几个月,富连成经尚小云传授,数部新戏接连推出,连演几十场,上座不衰,富连成又回到了全盛时期。社长叶龙章和总教习萧长华特到尚小云家道谢:"我们是空着手、带着心来的。您既搭人力又搭财力,我们无以为报啊!"尚小云的回答很见他为人的格局:"见外了。学生们虽然是富社的,可也是咱们整个梨园行的,只要是梨园行能出人才,我尚小云就是肝脑涂地也是应该的。"

可悲的是,社会上这时有了尚小云想借机吞并富连成的谣言。尚小云的长子尚长春本在富连成班学习,这时便只能离开了。富连成社的学员,也被禁止跨社到尚小云的社里来搭班,这样富连成班的另一位"科里红"袁世海只好舍弃了富连成社,到尚小云的社里当演员。当时尚小云的社叫重庆社。

矛盾日渐严重,好在富连成社社长还是懂得道理的。1935年底,在尚小云率重庆社从济南演出结束后回北平时,富连成社长叶龙章和叶家二公子叶荫章到车站迎接。双方也就一笑泯恩仇了。

1942年的9月,富连成社与北平鲜鱼口的华东戏院经理万子和签订了长期演出合同,道具等也搬进了戏院。9月18日,突然发生大火,烧毁了剧场,还有紧邻的长春堂制药社(经理张子余)。当时放在戏院里的价值30余万的道具也被焚毁。

此火应当是长春堂制造毒品白粉时锅炉不慎爆炸引起的。富连成社社长叶龙章出面向地方检察厅起诉,告发长春堂私造毒品,引发大火,要求长春堂赔偿富连成全部损失。但长春堂经理张子余买通检察厅,检察厅宣告起火原因是长春堂与华乐戏院之间夹道之间电线起火引起,言下之意长春堂没有责任。

这时双方找出中间人来谈判。尚小云是梨园公会会长，也是中间人之一。尚小云与"架子花脸铜锤唱"的郝派艺术家郝寿臣为梨园界代表，警察局督察长吉世安等四人为官方代表，组成中间方谈判。经两轮谈判，长春堂终于肯出10万余作为补偿，事情得以解决。这笔钱，可以让富连成社买得必用的道具服装，维持教学与演出。这，算是尚小云第二次帮衬富连成社了。

第十三节
"四大名旦"一团和气

为把富连成社的事情说完整,所以上节一下说到了1942年。回过头来,我们再说1927年"四大名旦"的事。

一般是文人相轻的,但"四大名旦"却一团和气,直到永远。

"四大名旦"是指梅兰芳、程砚秋、尚小云、荀慧生。前文说过,尚小云在夫人李淑卿于1930年5月去世后,在1931年1月1日又与梅兰芳的表妹王蕊芳结婚。这样尚小云与梅兰芳有了亲戚关系。尚小云与荀慧生同在一个科班,帮他出逃过,是好兄弟,铁哥们。程砚秋呢,1904年生,岁数最小(梅兰芳1894年生,尚小云与荀慧生都是1900年生,荀大尚两天),性格平和,他还是梅兰芳的徒弟,这个社会关系的

梅兰芳、程砚秋、荀慧生、尚小云"四大名旦"合影

组合，无疑对他们的和睦相处有一定基础性作用。

"四大名旦"的说法据说是来源于北京《天顺时报》举办的五大名伶的投票活动。1927年6月，正是尚小云《摩登伽女》演得红火时，《天顺时报》举办了"征集五大名伶新剧夺魁投票活动"。请注意，是新剧，又是"五大名伶"，即对梅兰芳、程砚秋、尚小云、荀慧生和徐碧云（1903年生于北京，京剧花旦，梅兰芳的徒弟，中华人民共和国成立后为陕西省京剧院副院长、陕西省戏校副校长）每人的五台新剧进行投票，投票结果我们在第九节里已经说过：尚小云《摩登伽女》得票6628张；程砚秋的《红拂传》得票4785张；梅兰芳的《太真外传》，得票1774张；徐碧云的《绿珠》得票1709张，荀慧生的《丹青引》得票1254张。

如果说，"四大名旦"的说法是因这次投票活动而产生的，就有了问题：一是这里明明有五位名伶；二是按这次投票得出"四大名旦"的话，那尚小云应当是"四大名旦"之首，荀慧生不入选才对。

好在李伶伶在《尚小云全传》里对"四大名旦"的出处有了考证。她说，1928年在上海新创刊的《戏剧月刊》（主编刘豁公）举行过"现代四大名旦之比较"征文活动，征文收到来稿七十多篇，从中评出三篇获奖者，分别为苏少卿、张肖伧和苏老蚕。

苏少卿，男，字相辰，艺名寄生。徐州市人。生于光绪十六年（1890）。他徐州师范学校毕业后被聘为徐州第一小学教师，不久即辞职赴北京学唱京剧。父母不同意他学唱戏，并断其经济来源逼其就范。但他得到教师王玉芳和书法家张伯英资助,以三年时间完成学业。不幸的是,他身材太高(1.80米),戏衣戏帽皆难合身,就未能正式登台演唱。他很不甘心,于1913年东渡日本考察戏剧。回国后在北平、天津定居,拜京剧著名乐师陈彦衡为师,专攻谭派须生,并钻研音韵学。在天津期间就职于《天津时报》社,此后成为戏剧评论家。插一句的是,他的女儿苏娥后来成为国画大师李可染的原配夫人。

张肖伧,男,光绪十七年(1891)出生于江苏常州,1913年毕业于浙江四明会计专科学校,考入北京中国银行任职。其间从谭派名师陈秀华学须生戏,并广交伶票两界,遍听京华名角,遂成民国时期常州乃至沪上戏剧评论家群体的领军人物。

苏老蚕的身世不详。

前三名获奖者,按嗓音、唱功、扮相、做工、白口、武功、新剧之多、成名之早、辅佐之盛进行列表,分别评论,结果得出了"梅、程、荀、尚"的排名。

排名归排名,其实"四大名旦"各有所长,他们也互相没有计较,不断合作也互相竞争提高。合作的有,四人合作了《四五花洞》——1930年由上海长城唱片公司合灌了一张《四五花洞》的唱片。1933年1月,尚小云在北京与梅兰芳、程砚秋、荀慧生合演了他改编的剧本《五花洞》。在竞争上也十分出彩:20世纪20年代后,出现了传诵一时

《西厢记》,左起尚小云饰张生,梅兰芳饰红娘,程砚秋饰崔莺莺

的"四红""四剑""四反串"剧目。"四红",即是四大名旦各自创作一出以"红"字为首的剧目。梅兰芳创演了《红线盗盒》,尚小云创演了《红绡》,程砚秋创演了《红拂传》,荀慧生创演了《红娘》。"四剑"是四大名旦各自创作一出以"剑"字为尾的剧目。梅兰芳演了《一口剑》,尚小云演了《峨眉剑》,程砚秋演了《青霜剑》,荀慧生演了《鸳鸯剑》。为丰富表演艺术,四大名旦还各安排了一出带有旦角"反串"小生情节的戏。梅兰芳有《木兰从军》,尚小云有《珍珠扇》,程砚秋有《聂隐娘》,荀慧生有《荀灌娘》,是为"四反串"。台上竞争,台下其乐融融。尚小云常会请大家小聚,"四大名旦"会合作写出四条屏;尚小云过四十岁生日时,正值北平沦陷,但梅兰芳、程砚秋、荀慧生还有王瑶卿、余叔岩、姜妙香、马连良等创作出书画共十二条屏送来贺寿。这当然是后话。

第三章

创宗立派正当时
CHUANGZONG LIPAI ZHENGDANGSHI

如果从孙怡云是尚小云的老师算，尚小云是京剧演员中的第三代。孙怡云的老师是严福喜，严福喜是京剧发源戏班之一四喜班的旦角。

第一、二、三代人开宗立派要有所创新，与老师不同。尚小云不仅是在科班中，而且出科后，一直都在博采众长，最终创新出自己派系的专有特色技艺。

第一节

开宗立派的必备条件

如果从孙怡云是尚小云的老师算，尚小云是京剧演员中的第三代。孙怡云的老师是严福喜，严福喜是京剧发源戏班之一四喜班的旦角。

作为一个行当的第三代，如何开宗立派，这是本书开始就提出的一个课题，也是对每个有志青年最有现实意义的主题，也是本书写作的目的所在。

所以，前两章所述的是尚小云成长的过程，本章讨论作为后人如何开宗立派，做出人生的新成就，才是本书重点所在。

也许本章理论会多一点，故事性会差一点，但相信有志青年会喜欢本章，将此章一读到底的。

第二、三代人开宗立派的第一个条件,当然要是科班出身。开宗立派的第一代,可以没有老师。他们总结许多前人的成果,加上自己的经验,汇总、提高、成系统,就成了一家学说,成了一个宗派。

第二、三代开宗立派,那你就得有出身。你的老师是谁?你哪个院系毕业的?就像不少人都会写字,而且字也写得很好。当你拿出你的字时,行家看的是什么?是书法的法度,即你的每一个笔画出自哪个大家的写法。由此,对第二、三代乃至后代开宗立派的人来讲,"科班出身"是不可少的。它既是一个金字招牌,也代表着你学术的系统。由此推开来,我们能进入一个名牌大学,能有机会系统地学习一个行当,这实在应当珍惜。

尚小云是科班出身,这是没有说的,开宗立派的基础牢牢的。

第二、三代人开宗立派的第二个条件是,要有所创新,与老师不同。尚小云不仅是在科班中,而且出科后,一直都在博采众长,最终创新出自己派系的专有特色技艺。

"凤凰河北"综合整理了一篇文章叫《绝色青衣——尚小云:揭秘一代京剧名旦的传奇人生》,其中对尚小云的艺术特点作了详细的描述,十分精彩,笔者现综述如下:

尚小云创宗立派时京剧界已很繁荣,在百花盛开时你还要独开出一枝花来,是十分困难的。"戏曲表演艺术流派,是针对程式而言的,程式是流派生发的基础。流派是演员对唱、念、做、打诸程式系统性地变化和发展,形成了自己独特的艺术性和一批精彩的代表剧目。"这个定义告诉我们,创新主要是程式的创新。

尚小云做到了这点,因为他的本性就是个肯创新的人。再放眼望去,京剧能出现那么多的流派,说明京剧的本质就是一个要求不断创新的戏种。

尚小云的艺术个性,从唱、念、做、打等程式上体现出来的有:

唱。在中国戏曲的四功五法(四功是唱、念、做、打;五法是口法、手法、眼

《金山寺》,尚小云饰白娘子　　　　　《金山寺》,尚小云饰白娘子

法、身法、步法)中,以唱功居于首位。就尚小云唱功而言,能把咽喉腔、口腔、鼻腔的发音共鸣同气息的控制有机配合起来,根据旋律的高扬低落和唱词字调的平上去入,合理调度不同的共鸣位置,使高、中、低三个音区的旋律运动都能见棱见角,松弛吐放,做到字不虚弹,音不虚发。由于他掌握了以胸腹蓄气,小腹用力操纵呼吸的科学发音方法,即使过不去的地方也要强度,形成别具一格的"勒腔"和"坠腔"。他的唱工特别能显现在大段唱功戏上,做到能收能放,能高能低,能刚能柔,既工青衣,又工花旦与刀马旦。

举例说,比如《白蛇传》是一出文武并重、行腔多变的京剧传统剧。俗话说,"男怕西皮,女怕二黄",如全本《白蛇传》演至"祭塔"一场戏时,要求扮演白娘子的演员以跨度大,曲调高的"二黄"和"反黄"板式,充分抒发角色的悲愤情感。演到这部戏时,好多名家也会只选择适宜发挥个人优势的场次演出,不敢冒险全演。就"四大名旦"而言，梅兰芳只演"水漫金山"到"断桥"，荀慧生只演"白娘子下山"到"合钵"，程砚秋独演"祭塔"一场戏，唯独尚小云有"钢喉铁嗓"，能将全本《白蛇传》从头到尾，连贯演完。这是极为难能可贵的。尚小云在剧中扮演白娘子，他能合理调度不同的嗓音和很好掌握高、中、低三个音区的衔接过渡，按出场顺序，棱角分明地将闺门旦、刀马旦、青衣三种唱腔区分开来。演至"祭塔"一场戏时，尚小云满怀白娘子被压雷峰塔下，失去自由，憎恨邪恶的愤懑心情，以激越昂扬、回肠荡气的基调，独创出被京剧界称之为"节节高"的板式。这场戏的近百句唱词中，每句唱，均有不同处理；每个音，均与角色的内心情感相交融。最初几句，似感低沉，但唱至"好一似半空中""峨眉山苦修炼"等句时，"节节高"的唱法便为悦耳，如平地突起风云，如河堤决口，满宫满调，悲痛欲绝地抒发了白娘子对法海的仇恨和对夫君、娇儿的眷念之情。同时，《白蛇传》还可以反映出他"唱随心出"（通过不同板式和不同音区，唱出登场角色的性格和特定环境下的特定心情）的发音用嗓的技巧和刚健婀娜相兼的演唱风格。

再以《四郎探母》为例。铁镜公主一登场，用"摇板"起唱的"芍药开，牡丹放，花红一片；艳阳天，春光好，百鸟声喧"中的"春光好"三个字的处理，其他演员落音"好"字，均为下滑降调，尚小云为体现铁镜公主婚配杨四郎的欢快心情，在"好"字落音上，上挑升调，打破常规，很得观众赞赏。

还可以《玉堂春》的"会审"一场戏为例。苏三刚一出场唱散板"行来在都察院举目上观，吓得我

《四郎探母》，尚小云饰铁镜公主

胆战心又寒",一般演员唱"心"字用高腔拖长处理,尚小云则从角色处于恐惧状态的心情出发,以低腔弱音处理,更符合角色内心活动。

可见,尚小云在自己的唱功上和对戏剧中角色的唱腔处理上,都形成了特色。

念。念功又叫念白(说白),是戏曲艺术的重要环节。尚小云的京白,得力于王(瑶卿)派,较为真率。他的韵白以传统念法为主,但能根据人物的思想感情,从语气变化中换气,形成"一语未完,下即转移,字句之间的过渡似断实连"的特点。这是借鉴杨(小楼)派演变出来的。他的韵白,声容并茂,意真言切,从表情与语气的结合上体现人物的内心活动。如在《卓文君》一剧中,当司马相如念到"我是装龙像龙,装虎像虎"时,卓文君则答以"我是嫁鸡随鸡,嫁狗随狗"。尚小云念这句道白的语气铿锵有力,伴随着眉飞色舞的表情,荡漾春风,活灵活现地烘托出新婚夫妻的真挚感情。再如尚小云在《巴骆和》一剧中扮演马金定。马在叱责丈夫时,先耸鼻缩肩,继而说道:"瞧你这块骨头,嫁你算我倒了霉啦!"紧接着又"哎哟"一声跺脚,将马金定既痛于心,又无知泼辣的性格,入木三分地表现出来。

尚小云的念白"身上、口中、脚下并到",言语爽朗、感情洋溢,也形成自己鲜明的特色。

做。做功即所谓做派,与唱功同等重要。戏曲,既是体验艺术,又是表演艺术,它要求演员将所扮演的角色内心所想的东西,运用准确的程式表现出来,并且表演上要有明显的节奏感、韵律感、音乐感、舞蹈感。尚小云的做派具有两大特点:

首先是活用程式。尚小云的戏里的做派能使人感到装龙像龙、装虎像虎、假戏真做。青衣戏《宇宙锋》和《福寿镜》里,都有"疯"的表现。《宇宙锋》里赵艳蓉的"疯"是"装疯",从表演上说,比较容易,因为"装疯"就是"假疯",表演出来有不太像"疯"的地方,观众能够原谅。《福寿镜》(《失子惊疯》)里胡氏的"疯"是

"真疯",对表演的要求就不同了,演员不仅要"形似",还要"神似",要体现出胡氏当时由"急"而"惊",因"惊"而"疯"的错综复杂心态变化。尚小云充分运用了"飘然旋转回雪轻,嫣然纵送游龙惊"的水袖功和眼神的变化,还有那舞蹈式的搓步、颤步、趋步等幅度大、节奏快的程式,把剧中人精神失常的状态,表现得恰如其分。还如演《四郎探母》一剧中的"盗令"一场戏,其他演员演铁镜公主在骗得令箭后,随即唱"西皮摇板":"我母后中了女儿的巧机关……"唱音落点,即以基本转身程式下场。但尚小云表演时,在运用转身下场程式时,从角色内心情感出发,要把偷到令箭后的喜悦再发挥了一下。先是向观众微微一笑,再唱"西皮摇板",等"关"字落音后,抛起令箭,翻转一扔,随之转身退场。这就活用了程式,将铁镜公主为丈夫杨四郎骗得令箭,杨延辉可以畅通无阻回宋探母的喜悦心情,表现得淋漓尽致。

其次是丰富程式。他深知戏曲程式源于生活的道理,因而善于捕捉生活中与演戏有关的东西,从而创造出被人们公认的戏剧新程式。尚小云的住宅是北京典型的四合院。一到冬天,家人随便在院内泼水,地面会有一层薄冰,会让人摔个"屁股墩"。尚小云观察到此情景,联想到泥泞地上滑倒也是这个原理,将《御碑亭》一剧中程式作了改进,精心设计出了"尚氏三滑步"。这出戏里有一段写女主角孟月华丈夫王有道赴京赶考,只留下她与小姑料理家务,忽于清明节接到生父有病的急信,她托家事于小姑,急忙奔往娘家。回家后方知是父亲思念女儿心切,才写下假信。孟月华一急探父,二急放心不下年幼的小姑,故不敢久待娘家。在探父祭祖后,速返婆家。不料归途中,天气突变,雷雨交加,只得投进御碑亭内躲雨。尚小云饰演孟月华,心急火燎,奔亭躲雨,在行进间唱"西皮摇板""一出门偶遇上天下大雨……"的同时,不断挥舞水袖以示遮雨,并连用三个不同类型的滑步:一曰"前栽式",观众只见角色在光滑泥泞的路上奔跑,两腿不稳,身体前栽;二曰"后闪式",角色脚下一滑,身体后闪,眼看就要倒地;三曰"远步式",角色经过"前栽"和"后闪",虽苦苦挣扎,但终于失去平衡,只见两腿前伸,屁股挨地,从舞台的一角远滑至另外一角。这三个不同的滑步,环环相扣,步步深入,既有生活的真实感,又有夸张虚拟的舞台艺术美。这些都是传统程式所未有,这样尚小云在京剧做派上有了自己经典的程式。

打。"四大名旦"中,尚小云的武打功夫公推首位。

尚小云的武功,并立于唱,成为尚派艺术的两大支柱。他的武功多吸收杨小楼的特长。他一生最崇拜杨小楼,更不掩饰地学杨小楼:他不但把杨派的盖步、颤步、趋步、搓步等技艺融化于旦角的武打之内,还将杨派的大扎、圆场以及"脆中见稳""快中有慢"的风格,突显出来。再形成自己的武打风格,其特点有:

一是扎靠功出色,马上功别具一格。靠,指是古代战将穿的铠甲被艺术化了的戏曲服装,扎靠武打,就是穿戴上靠的武打,较之短打戏要复杂得多。登场演员不仅要与敌方刀枪对阵,而且还要顾及头上翎子,背上靠旗,或腰间鸾带,在程式繁多,身、手、腿、足并动的一系列动作中,要做到"旗不乱""靠不掀""翎子不倒",难度极大,技艺要求极高。尚小云达到了这个技艺的顶峰。尚小云在《湘江会》《战金山》《秦良玉》剧中演扎靠的刀马旦,威猛婀娜,令观众叹为观止。在安排靠戏的打法上,"四大名旦"中的梅、程均以枪为主,而尚小云在《云鬟娘》一剧中,用大刀。梅、程的武打对手虽都是较好演员,但不是武生演员。而为尚小云配演扎靠武戏的演员却是有名武生范宝亭、杨春龙等,这就可见尚

《相思寨》,尚小云饰云鬟娘

小云的真功夫了。

此外，女将马上交战与男将不同，不能像男将一样，以"大蹲裆式"的亮相表示骑马，只能以两腿略拱的"女骑式"表演马上交战，因而，蹲式幅度小，容易摇晃或站不住。前文已说过，尚小云因得杨小楼指教，独创出"锦撒花墩"的绝活——在纹丝不动的对枪后，还能"掏翎挫腰骑马式亮相"，很赢观众喝彩。

尚小云不仅马上亮相出众，还擅长马上交锋。他在演《秦良玉》一戏中，与饰演闯塌天的范宝亭对打，当闯塌天被秦良玉挑下马后，就地两滚，动作飞快；而他扮演的秦良玉，要在锣鼓节奏中将闯塌天立即刺死，这一身段不但要快，还要分清一个在马上，一个已坠马，二人的表演尺寸如惊蛇入蛰，火炽而惊险。

二是结合人物身份，施展武打技艺。尚小云在每出戏的武打过程中，坚持从人物出发，从剧情出发，绝不单纯展示自己技艺。在《巴骆和》中他饰演马金定耍大杠子。马金定因为儿子被人刺死，急于报仇，才要动武。可是马金定是40多岁女人，且多年没动武艺了，动武前得要几下练习练习。尚小云演此剧，绝不像某些演员，只要台下叫好就耍个没完；他耍大杠子，从人物出发，点到为止，不脱人物本质。

上述评价，是对尚小云的唱、念、做、打技艺较为恰当的概括。

有了科班出身，有了程式上的创新，不想成派都难。

第二节

创办科班的原因

有了科班出身,有了自己的程式上的创新,开宗立派还得有一个条件——成立自己的科班。

在为富连成科班脱困的过程中,尚小云看到了创办自己科班的重要——有科班,才会有自己流派的接班人,才可以不断由弟子们去扩大自己的流派。

尚小云创办科班,还因两个具体原因所致。一个就是儿子尚长春退出了富连成科班,他得让儿子谋一个正规的科班出身呀。另一个是,他刚刚承包第一舞台失败了,他心有不甘,他得再做一件有意义的事。他这就打起自己办科班的主意来。主意当从 1937 年打的,荣春社科班是 1938 年春成立的。

Shang Xiaoyun 尚小雲

北京的第一舞台戏院，前身是清光绪末年建于东安市场内的中华舞台，是最早以舞台命名的剧院。民国初，1912年，曹锟的部队哗变，在东安市场放火，中华舞台也过了火。1914年6月9日，第一舞台在中华舞台原址上重新开幕了。在演出的第一天，又遇到火灾。有人看了风水说，这里原来有座火神庙，建戏院是触犯了火德真君。于是人们开始真诚地为火德真君建阁烧香。但是无济于事。1920年6月9日，东安市场又起大火，又累及剧院。

多次火灾，让这个能坐三千人的大戏园从此衰落。

1937年"七七事变"后的一天，时任梨园公会副董事长的尚小云来到这里，找到老板，签订了演出合同。合同约定，尚小云的重庆社每周来此演出一场。

尚小云原来是梨园公会的会长。但在1936年时，北平市社会局以梨园公会没有经过登记、为不合法组织为由，让公会改组。当年7月28日，梨园公会在前门外樱桃斜街34号会址召开大会，对梨园公会进行改组。经投票，选出梨园公会董事15人，候补董事15人及监事等。董事中，获票最多的是杨小楼与尚小云，同为81票。由于杨小楼是梨园前辈，自然由其为董事长，尚小云为副董事长，主持日常工作。

"七七事变"后，日本人占领北平，演艺界大为萧条。但艺人也要生活呀，这个重担就落在梨园公会身上。尚小云就想到用便宜的价格包下这个没有人肯来演出的大剧院的办法。

包大剧院十分不容易。三千座，能不能坐满

《九曲黄河阵》，尚小云饰云霄，尚长春饰哪吒

107

《北国佳人》,尚小云饰小玉

就是问题。一旦坐不满,唱起来费劲,喝彩声还不震堂,这样效果就不会好,日子一久,人气就永远不会旺,戏班子的名声也会一落千丈。

然而为了梨园界没有戏演的演员们的生活出路,尚小云准备一搏。他采取了不少当时很时髦的商业手法。

首先,竖霓虹灯广告牌。他出资把戏院装修一新,再特地在戏院的大门前打造了一块广告牌。广告牌上面装饰有霓虹灯,灯下是不断变换的广告词:"惊人的消息","霹雳一声,年只一演"等。

其次,布置道旗和彩旗。戏院附近的路上是道旗,戏院四周是彩旗,上面写着将要上演的新剧的戏名《青城十九侠》《九曲黄河阵》《北国佳人》等。

第三,实行低票价。他的广告牌上会出现"票价平民化"的字样。尚小云等"四大名旦"的戏,票价一般不会低于一元一张。但他在这里开出了6角、5角的票价。

第四，改进舞美。他的台口用大幕，增加灯光布景的使用。演《天河配》时，有七仙女在莲花池里洗澡的戏，尚小云竟让舞台上真喷出水来。

尚小云还亲自登台，吸引观众。

他一度成功了，三千座位大多时候座无虚席。虽然票价低了一点，收入却还是可观的。

不料，此地真的风水不好，他承包了四个月后的1937年11月17日，第一舞台再起大火。火由后楼楼上的电门滋火花开始，因为当日没有演出，没有人看守，也没有人发现楼上起火了。是日下午2点许，巡长白文瑞巡逻到此，发现楼上起火，马上鸣警笛，并用附近宪兵营房内电话报警。但消防队前来扑救时，第一舞台已被大火吞噬。

《青城十九侠》，尚小云饰吕灵姑

北京城的第一舞台，在大火中彻底消失在了历史中。尚小云的投入及心血也化成了灰。

他从此没有再承包或自己办过戏院。

但他还是要做事的。他就创办起科班来。科班的名字就叫荣春社。

第三节

创办荣春社科班

创办荣春社科班,是一步步走出来的。开始他还没有创科班的完整想法,开始就是想为自己的儿子找个老师,再找几个陪读。多几个小朋友,儿子可以学戏学得不枯燥。

陪读的小朋友到哪里去找?熟悉新商业手段的尚小云在报纸上打起了广告,招收10名九岁左右有意学戏的孩子。

广告一出,头几天来的孩子就不止十个。他是个心肠软的人,不愿意让别人失望。他第一批最终收下了18个孩子,戏称"十八子"。

收18个人就算完了吗?没法完,尚小云办荣春社的消息不断传播,很快又来了18个。他与管后勤保障的夫人王蕊芳商量："我们再收 18 个，凑个'三十六子'？"夫人一笑，点了点头。

然而，还是不断有人要求把孩子送来。尚小云再找老师们商量了一下，最后决定，敞开大门，办成科班。这样，他办科班的决心才真确定下来。

每个决定一拍板，最先来的必定是困难。原本办个小班在自己家里安置学生即可。现在一大堆学生来了，校舍呢？老师呢？练功场呢？

有朋友劝他放弃这个"荒唐的想法"。理由很简单，创科班得有经济后台，你有吗？富连成是一个老科班，它时盛时衰先不说，他的经济后台先是吉林财主牛子厚，后来是专门做北京与蒙古间生意、被称为"外馆"财主的沈昆。1930 年中华戏曲专科学校也在北京成立了（位于崇文门外木厂胡同 52 号），学制六年，这是中国第一所按照新式办学方式兴办的招收和培养戏曲人才的高等院校。它的后台是国民党元老李煜瀛，是以其掌控的庚子赔款为经费保障的。

尚小云以艺人身份自费办科班，成当时轰动北平的大事件。

尚小云打出了招生启事。这招生启事也很引人关注，因为这招生启事又开

尚小云与学生孙荣惠合影

了一代新风：

一、入科学生均有人身自由，不立卖身契约；

二、入科学生必从学习文化入手，革除文盲不识字、口传心授之弊端；

三、保证学生温饱，做到入科学有所成，出科职业有所保证。

这样现代文明的科班，谁不想来！

广告一出，尚小云收了二百个孩子。

第四节

荣春社的教学

　　荣春社的名字是尚小云起的。起名时尚小云首先想到的是小荣椿班。梅兰芳的外祖父杨隆寿与谭鑫培、杨月楼等人在光绪六年（1880）创办过小荣椿班，培养了武生杨小楼、小生程继先和富连成班的创始人叶春善等京剧人才。头科学生于清光绪十四年（1888）满师，二科学生尚未毕业，科班因故停办，这是十分可惜的事。由此尚小云想到自己的科班应以小荣椿班为榜样，传承好它的传统。尚小云第二个想到的是儿子名字叫尚长春。这样，"椿"去掉一个"木"字旁就是"春"，意思是小荣椿要成长为荣春。科班的名字就这样定为"荣春"。

　　荣春科班的社址。当时尚小云名下的椿树下二条1号、

尚小云与荣春社学员在椿树下二条1号合影

东椿树横胡同、西草厂这三处住宅都用作了荣春社校址、练功棚和宿舍。椿树下二条1号尚宅后院有11间房，其中三间做厨房，四间正房作学生宿舍，中间设佛堂，供梨园祖师爷。院子当了练功场。部分学生住在尚家，一日三餐师生都在尚家吃饭。当时尚家廊下经常堆着一大堆面粉，不过这一堆面粉，供两三百张嘴，十来天就吃完了。后来学生多了，又到后两处住宅（有说是租的）去住，分别称为南院和北院。

管理层。尚小云为创办人，但只担任了名誉社长。社长是赵砚奎，他曾长期担任尚小云的琴师。赵砚奎的儿子也加入社里做管理。

常年中医：陶振东。常年西医：郭菊荪。

庶务主任：迟绍峰，他曾是重庆社管事。总务主任：善宝臣，主要负责财务。

文书主任：王颉竹，负责训育工作，兼文化课教员。教育主任：张寰如。

师资。第一类是名演员：尚和玉、程继仙、筱翠花、王凤卿、九阵风（阎岚秋）、戴韵芳、李洪春、丁永利、罗文奎、钱富川、郭春山等，都是尚小云凭着自己在演艺界深厚的人脉请来的。这些人讲交情，在尚小云艰难的岁月里，他们大多数人前来传艺不要酬报，尚小云只在逢年过节送上一份礼品表示谢意就行了。其中有的家境不富裕的，尚小云就给他开工资。

第二类是搭班尚小云重庆社的演员，如宋富亭、高富远、高富全、孙盛文、范宝亭、沈富贵等，他们都参加剧团演出，每场都有戏份，所以给他们的月薪也不用多。

第三类，武功教师。他们工作繁重，待遇较高。

第四类，临时类。尚小云发现有专长的艺人，会花大价钱把他请来临时授课，或带学生们上门求学。

由此可见，荣春科班师资力量是雄厚的。平时教师有30余人，最高峰达到50人。

当然，教师们的伙食是不错的。每天早上开课前，后勤管理人员都会给有课的教师送上一套烧饼麻花和一壶茶。中午，教师伙食为八菜一汤，八人一桌。特有名望的，如尚小云的老师孙怡云，由尚小云陪着在前院单独用餐。

尚小云给教师高待遇，对教师的教学也严要求。有人曾教得不得法，尚小云连一点面子都不给地指责道："我花钱请你，你得实授。你不实授，学生们将来到外头演出，人家一问，哪儿的？荣春社的。谁起的荣春社？尚小云。我挨这个骂？"

穿。学员们着统一的社服：夏天发竹布大褂，秋戴瓜皮小帽，冬季发青罩衫、航空帽（帽上有风镜，可以防风沙），白手套和白口罩。为此尚小云特请了三个裁缝师傅，由他们到北京大栅栏最有名的瑞蚨祥布店去买布料做社服。

社服上还有社徽：圆形，金元宝图案，下面写"北平荣春社科班"。

吃。学生的伙食很好。一日三餐。早餐是豆浆油条。午餐和晚餐面食为主，有菜有汤必有肉。学生六人一组，每组两大盘菜，两大碗汤。学生就座，值班生去请尚小云来检视。这时尚小云会挨个儿将菜与汤品尝。口味不行的，立即由厨师端回重做。一次他发现菜和汤里的油味不正，大怒，抓起一根藤条，将一桌盘碗全划到了地上，还冲进厨房叫骂："你们就给孩子们这饭吃？我的钱花哪儿了？你们指着谁吃饭呢？你们是指着这些孩子，是他们演戏挣钱养活了你们。你们知道吗？"骂累了，他喘着气说："我不用你们了，你们都给我走！"然后下令，孩子们去门口买烙饼卷酱肘子吃。第二天，他平静下来了，他集中厨师们和管理人员训话："我儿时的科班生活如同昨天，决不能成为这些孩子科班生活的今天。这地方是贴本培养京剧人才的地方，不是唯利是图的场所，不能在学生的伙食费上揩油。我告诉你们：资金不足，缺这少那，却要求伙食像样，那就叫好媳妇难做无米之炊，责任在我，我负责保证伙食费用。但是，因你们身懒或者揩油，降低学生伙食标准，那可就是你们的事了。我可就要找你们算账了。"从此，厨师们无不小心谨慎。他们还做到，正餐外，如果下午1点有演出，散戏后，3点左右，参加演出的人每人三个芝麻酱烧饼。此外每个月改善一次伙食。过年过节，学生放假回家，厨师们也放假回家。

住。学生按作息制度生活，不得随意出社。每人有洗漱用具一套，早晚都刷牙，每周都洗澡。

戏装道具。戏装道具也是好的。每排一出戏，尚小云都要订制一批新戏服，要为每个角色度身订制，力争每一出戏每一个主要演员一出台就很抢眼。

教学。严格管理，严格教学，"打"这个中国梨园的传统还是传承了下来。社里一切保障都做到了最好，学员的学习就必须是刻苦的，不刻苦就得挨打。

挨打的学员里，尚小云的儿子尚长春也不能例外，其实还是挨打最多的。

不守纪律是要挨打的。不许撒谎，举止要端正，不许抽烟、饮酒、嫖赌，台风要好,违反了这几条,就要挨打。

功练不好要挨打。尚小云只要有空,就会来练功场。有一次,尚长春应当旋三十个旋子,他见父亲不在,就旋了二十五个。其实尚小云就在边上。他问尚长春刚才旋了几个,他说三十个。话没说完,尚小云一记耳光已打在了他脸上。然后就罚他打旋子。打了多少个旋子他都记不清了,最后是如何结束的,他也记不清了……他都被罚成了这个样子。

每次学员被打,别人也拦不住。这时屋里就会传出打鸡蛋声。这是尚夫人王蕊芳在打鸡蛋。学员挨了打,她会把他拉进屋,用鸡蛋清涂在伤口上。还会用煮好的热鸡蛋在挨打学员的伤口上滚来滚去为他做热敷。

当然,有打也有奖。打错的也要纠错。对于表现好的,能吃苦学戏的学生真奖励,奖励就是与尚小云一块坐车去吃西餐。这时他会说:"谁谁谁,奖励你,坐我车一块儿走。"惩罚错了,他也会找机会说:"谁谁谁,跟着我一块去吃饭去。"

经过一年的严格训练,荣春社科班的"荣"和"春"两科孩子们就有了初步的演出能力,可以拿出的剧目达一二百出之多。

1938年3月,尚长春正好十岁,荣春社在

《荣春社科班纪念刊》封面

北平大栅栏粮食店街上的中和戏院亮相演出,宣布正式成立。

尚小云印制了《荣春社科班纪念刊》,向梨园同行和社会各界免费发送。来看荣春班首场演出的观众也人手一册。此刊首印两万五千册,后加印两万册。

首次亮相演出的剧目也在纪念刊里载明:剑侠神秘伟大名剧《崔猛》《十龙探海岛》《五鬼一条龙》;一至八本《太平天国》;上古服装节孝佳剧《娥皇女英》;八本《目连僧救母》带游地狱;全部《蜀山剑侠传》;飞仙剑侠奇情伟剧《蛮荒侠隐》;大贤大孝伟大名剧《大舜耕田》。看看这些剧目,种类如此繁多,演技要求如此高深全面,表演风格如此多样,真是引人入胜——尚小云的心血没有白费呀!荣春社科班从此站立起来,在中国京剧史上留下了浓墨重彩的一笔。

第五节

有一种倒下叫创立

戏剧的科班与戏曲学校有一个不同是,它本身还是一个戏班,学员一边学习,一边还要参加演出,要靠演出来挣得收入,维持科班的生存和发展。

荣春科班一亮相,票房收入不逊于当时名头最旺的两家科班富连成科班和中华戏曲学校。

就在荣春社开门红时,处境却突然困难了起来。这缘于日军的侵华战争。

北平被日军占领了,戏剧市场就不看好了。

"四大名旦"中,热衷于戏曲教育的有两人,一个是尚小云,还有一个是程砚秋。1935年,程砚秋从欧洲考察回到北平,1936年接手金仲荪(著名剧作家)担任了中华戏曲学校的校长。前面讲到过的,这是一个用庚子赔款创办的学校,开始经费是不愁的。程砚秋上任后雄心勃勃,将戏校改名为"北平市私立中国高级戏曲职业学校",并拿出了一个八年教育计划,准备为中国戏曲的发展大展宏图。程砚秋为戏校倾入了大量的心血,但在中日战争的这个大背景下,想求戏曲的发展,实在太难。随着战争的进行,庚子赔款不再有了。房租付不起了,程砚秋就把自己在北平沙滩椅子胡同的私宅献出来作为校舍。占领了北平的日伪当局找上门来,要接管学校。中国的学校怎么能由日本人来管,程砚秋只能关闭这个办了十年的学校。学生怎么办呢?有几十个呢。程砚秋来找尚小云商量。尚小云二话没说,全部接收下来。

两年后,北京文林社的科班,到浙江温州演出,演出收入不佳,没有了经费,困在了温州。尚小云闻讯派人给他们送去了路费,把他们接回了北平。之后,文林社也办不下去了,文林社的几十名学生也并入了荣春社。

并入荣春社的还有志新诚社、稽鼓社。

为了增加的学生,尚小云不但要组织演出创收,还要应对各种突发事件,有时候只得亲自登台,以自己的声誉来号召票房。

1940年6月,尚小云的重庆社改名为福荣社,原因是"重庆"二字是国民政府陪都的名字,占领北平的日伪当然不喜欢这个名字,时时刁难。

这时期的尚小云一有空闲就画画。他的花鸟画水平很高,又是名人,画有一定销路。这时的他,画画已不是为了休闲,而是为了解决经济困境。

他亲自上场的次数也多了起来。荣春社越到后期,他登场次数越多。一次他与筱翠花合作演出《姑嫂英雄》时,在化妆间不禁感慨道:"还不是为了生活!不然的话,快五十岁的人了,'四大名旦'都成'四大老旦'了,谁愿意在台上装着玩!"

1947年5月,尚小云还拿出了吴道子、苏东坡、董其昌、唐伯虎、祝枝山、郑板桥、史可法、郑孝胥、曾国藩、翁同龢、李鸿章、任伯年、慈禧、八大山人等

72位名人名家的书画作品，运到上海，在宁波同乡会五楼客厅展销，收入用于办社。

一天，尚小云回到家里，又在翻点名贵字画。翻来翻去，名人字画已不多了。尚小云闷闷不乐。夫人王蕊芳问："出了什么事吗？"他好半天回了一句："科班开不出饭来了！"讲话中，尚小云转眼看到了王蕊芳手上的镯子。王蕊芳一看他的眼神就明白了，她默默地褪下了镯子，还摘下了首饰，交给了丈夫去变现，以支撑丈夫的科班。其余时间，她则为学生们缝补衣服，制作戏衣，为科班做着十分有力的支持。

尚小云 如山先生雅正 中国艺术研究院

可是，就是这样科班也难以维持下去。尚小云被迫开始卖自己的住宅。他一共卖掉了自己七套住宅，其中宣武门外前铁厂房三所，香炉营头条房一所，安定门内棚铺房一所，法通寺东隔壁房一所、宣武门外茶食胡同房一所。这七套住宅里，有一套是有假山、长廊，装修相当考究和气派的宅子。但他还是把它们都卖了。

1940年7月5日，尚小云的第三个儿子尚长荣出生了。这样尚小云有了长子尚长春,次子尚长麟和尚长荣三个儿子。日子更艰难了,但尚小云乐观地说:"说不定过几十年,舞台生活不知要变到什么样子。我再看着荣春社学生,每天过着快乐而有兴趣的生活,自然地,我也发生无限兴趣。"他还说:"我做事的勇气,被环境支配,更觉热血沸腾,所以抱定苦干到底的精神,或许也有最后成功的一天!……我心里总惦记着苦干——努力——兴趣——快乐——成功!"

尚小云倔强地支撑着荣春科班,不惜毁家纾难办学的做法,让同行对他充满了敬意。尚小云坚持办社的境界,实质上升到了一心要为中华戏曲保留一支血脉的高度。

八年抗战结束了,尚小云以为自己苦干到了底,他的荣春社终于要见到春天了。

不料,国军的兵更坏。他们抱着"老子在前线打仗命都不要,现在看个戏要什么钱"的心态,不但看戏不买票,还乱抢座位,时不时在戏院里大打出手,让演出无法正常进行。混乱的秩序让戏院里的观众越来越少。

到了1948年,偌大的北平,就剩下富连成、鸣春社和荣春社三家科班了。三家科班里,鸣春社第一个宣布解散。富连成社第二个解散。富连成社"韵"字科刚毕业了,刚入科不久的"庆"字科的30多名学生中大部分投到了荣春社的门下。他们想,八年抗战,荣春社都坚持下来了,今后荣春社一定还会坚持下去的。

尚小云何尝不是这样想这样做的呢!

然而物价在飞涨。一袋兵船牌面粉涨到了245万元,荣春社每年演出的收入只够买10袋面粉。两个月里,荣春社仅食粮一项亏损达两个亿。

还有市面也太乱。国民党军到处抓壮丁。荣春社里学员大的也到了十八岁了,军队三天两头上门来搜查、找人。

尚小云没有办法,让学员们先躲一下风头。他宣布荣春社辍演一个星期。这是荣春社要倒闭的一个先兆。

然而，过了一个星期，荣春社在华北戏院奇迹般地恢复了演出。第一天上演的戏目是尚长春和尚长麟的《摩登伽女》和《请清兵》。《摩登伽女》是尚小云剧团的保留节目，只要一演《摩登伽女》，观众必然会多，票价也会加价，经济难关就可以渡得过去。《请清兵》则讲的是吴三桂统兵镇守山海关，李自成率军攻进北京，崇祯帝自缢，三桂父亲亦被杀。吴三桂闻讯，欲报君父之仇，又惧自身兵力不足，因此遣使出关向清国借得清兵十万，开进关内，大败李自成大军的故事。这出戏里，有满语唱词，也比较吸引满族籍人氏和懂满语的人观看。恢复演出的第二天，压轴是《崔猛》，这是根据著名小说集《聊斋志异》第八卷同名小说改编的戏剧，讲的是明末清初行侠仗义的英雄崔猛除暴安良的故事，以武打精彩而十分吸引人；大轴是《飞剑斩白龙》，更为精彩。尚小云亲自把场，一连几天上座率很高，坊间对尚小云两个儿子的评价也很高，说与当年尚小云不相上下。尚小云听了自然很高兴，认为荣春社又有了希望。这是1948年6月的事。

然而演出没有红火几天，到了7月，荣春社的经济实在支持不下去了。尚小云将尚家最后的房产、荣春社总社所在地、尚家一家老小居住的椿树下二条1号的宅子卖了，得四亿五千万元，全家租了长安戏院的老板杨守一位于旧刑部街9号的老宅，再用此款给全社人员作了遣散费。

到了此时，荣春社办了十一年半，这所培养中国京剧人才的大熔炉的火熄了。

但有一种倒下叫创立，荣春社关闭之时，竟是尚小云开宗立派成功之标志。尚小云倾其所有，十一年半的心血结出了尚派的花朵。

以下是荣春社科班培养的戏剧人才：

荣春班老生行老师蔡荣贵、王凤卿、李洪春、王少芳、宋遇春、张圣禄、王泽民、陈少武等，培养出的重点弟子有徐荣奎、李甫春、张荣善、马荣祥、张荣胜、吴荣森、张荣兴；二科有吴喜玉、罗喜禄、时长英、雷喜东、马长礼等。

武生、红生、小生行老师沈富贵、尚和玉、丁永利、钱富川、李洪春、宋遇春、程继先、韩金福，他们培养出的重点弟子有尚长春、孙瑞春、王斌春、贾寿春、刘雪春、周仲春、耿玉春、李长瑞、王长山等；红生有李荣轩（李金声）、贾寿春等；小生有李荣安、黄荣俊、王嘉春、张荣智、马荣利等。

青衣、花旦、刀马武旦行老师尚小云、王少卿、李凌枫、胡长泰、闫岚秋（艺名九阵风）、朱圣富、闫世善、孙小华、于连泉，昆曲老师侯瑞春（是当时昆曲名家韩世昌的老师）等，培养出的弟子有孙荣惠、杨荣环、田荣芬、郭荣珍、陈荣兰、尚荣芳、崔荣英；二科有尚长林、李喜鸿、关喜莲、贯喜琴（贯勇）等。

净行铜锤、架子、武花脸老师孙盛文、宋富亭、唐长利、范宝亭、耿明义等，他们培养出的弟子有尚长春、景荣庆、李荣威、王福春、罗荣贵、陈茂春、杨荣年、赵荣欣、蔡松春、贾寿春、赵喜文、孟喜平、于喜林等。

文、武丑行老师高富远、高富全（艺名七岁丑）、贾多才、孙小华、耿明义等，他们培养出的弟子有时荣章、方荣慈、郭荣相、钮荣亮、汪荣汉、如木春、陶龙春等。

老旦老师罗文奎，培养出的弟子有张荣林、梁荣甫、罗荣舫等。

腿功、把子功、毯子功、基功老师钱富川、陶玉政、夏德福、耿明义、赵盛禄等，排大戏老师尚小云、蔡荣贵、李洪春、耿明义、宋遇春，他们所教的技艺也融入了上述学生血液之中。

看看上述名单就知道尚派已形成，且门类齐全，子弟众多。荣春社从成立到结束，共招收了两科学员。第一科时，学武戏的学员起名字带"荣"字；学文戏的起名字带"春"字。1941年招第二科学生，学武戏的名字中间带"喜"字，学文戏的在名字中间带"长"字。荣春班在科学员最多时达四百多人。现在科班解散了，弟子们分赴各地自谋出路了，但如遇气候，枝繁叶茂的那一天还会远吗？

第四章

心血献给新中国

XINXUE XIANGEI XINZHONGGUO

解放了，建国了，共产党和人民政府给予艺术和艺术家以极大的尊重。党和政府在尊重艺术家的同时，希望艺术家改变封建社会和半殖民地社会的旧观念，创造出人民大众的艺术，让艺术真正为人民大众服务。尚小云就用自己的后半生，努力实践了艺术为人民大众服务的方针。

第一节

组建尚小云剧团

解放了,建国了,共产党和人民政府给予艺术和艺术家以极大的尊重。

当然,共产党是以马克思列宁主义和毛泽东思想为文化领域的指导方针的。党和政府在尊重艺术家的同时,希望艺术家改变封建社会和半殖民地社会的旧观念,创造出人民大众的艺术,让艺术真正为人民大众服务。

什么样的艺术才叫人民大众的艺术?什么叫艺术为人民大众服务,概念一直有争议,做法一直在探讨,但毛泽东在延安文艺座谈会上提出的文艺"为人民大众服务"的口号得到了全体艺术家的拥护,这一点没有疑问。

尚小云就用自己的后半生,努力实践了艺术为人民大众服务的方针。

北平和平解放后两个月，一辆军用吉普车来到了旧刑部街9号的尚宅。车上下来的竟是原荣春社的文书主任王颉竹。啊，王颉竹一走多少年了哟，他回来了。

还是在抗日战争时，有一天王颉竹在练功房里找到尚小云，悄声说："老板，我得走了。"尚小云不解，问："去哪里呀？"王颉竹没吱声，只悄悄用手比画出个"八"字来。原来他是地下党。他被日伪盯上了，现在要马上离开北平，去八路军根据地。但出北平城很有难度，日伪军盘查很严，一般人禁止出入。王颉竹说，眼下唯一的好办法是，由尚小云以梨园公会会长的身份出个担保书，他就能出城了。听他这么一说，尚小云二话没说，亲书一封"王颉竹是荣春社琴师兼文书主任"的担保书，然后拿起一把京胡装入一个布袋让他背上，王颉竹就这样出了北平城。想不到一晃多少年过去了，他以解放军干部的身份回来了。

两人一番叙旧。在尚小云谈到对今后生活和戏曲的困惑后，王颉竹建议：共产党马上要为梨园人士举办一个戏曲讲习班，可以去一听，了解一下共产党对文艺的方针，为今后的生活选一条路子。尚小云马上点了头，还带了两个儿子一同去参加培训。

原来北平解放后，军管会一统计，当时北平有各类艺人两千多人，班社五十多个，所演节目多为传统节目，封建落后的东西不少。于是军管会成立了文艺部，下设旧剧处，旧剧处的任务是对这些班社和艺人进行登记。军管期过后，政府成立华北文化艺术工作委员会，旧剧处划归这个委员会管，任务又加了一条，进行旧剧改造。改造旧剧，首先要改造旧艺人的思想，这样就有了举办戏曲讲习班的计划。从1949年8月到1950年3月，每期两个月，共办班三期，组织了三千多人次的艺人及其他相关人士参加。讲习班的教材有毛泽东的《在延安文艺座谈会上的讲话》《中国革命和中国共产党》《社会发展史》等。共产党的领导田汉等也到班上做了各类报告。

1949年7月2日,中华全国文学艺术工作者代表大会召开(即第一次文代会,后称中国文学艺术界联合会代表大会,分全国文代会和地方文代会),随后成立了全国戏剧工作者协会,主席是田汉。然后田汉又领导成立了中国戏曲改进会,该会不久纳入中华全国戏曲改革委员会中。同年10月底至11月初,中央人民政府文化部设立戏曲改进局,戏曲改革的主要任务是"改戏""改人""改制度"。到了1950年7月,文化部邀请著名戏曲家等,组成以周扬为主任的全国戏曲改革工作最高顾问机构——文化部戏曲改进委员会,委员3人,尚小云名列其中。

走进新中国的尚小云,是近五十岁的人了。但新中国的新气象给了他新的生活动力。他在戏剧界最早行动,向党和政府靠拢。

1949年11月,他成立了尚小云剧团(当然还是他私营的)。他在参加了两个月的培训班后,新编了历史剧《墨黛》。

《墨黛》改编自三十年代的《北国佳人》。《墨黛》的剧情是,元相莽吉图是个贪赃枉法并贪图女色之人,他看上御史鲁文达之女墨黛,遣人作伐。鲁文达以女儿已许秦照为由没有同意。莽吉图怀恨在心,诬鲁谋反,奉旨斩鲁文达全家。墨黛得老仆鲁忠救护,逃奔盟叔俞敬棠衙中。莽吉图寻至,俞命墨黛乔妆皂隶,将莽瞒过。之后墨黛逃至郊外,又遭人抢劫,不仅抢其财物,还要逼婚。墨黛再逃,却落入枯井中,天亮时有卖豆腐老者金晶与女儿路过,将她救出,带回豆腐店中。不料墨黛又被到处搜寻美女的莽吉图手下捉住。此时,太行山寨主东方叟与鲁文达曾有结义,闻鲁家有难,下山查访,正好救了墨黛。然后传武艺给墨黛,学成后,墨黛与东方叟乔装成渔民下山,杀了莽吉图,为民除害。

此戏一出,在北京连演了39场,报刊好评不断,戏曲界同行赞叹:"尚先生跑到我们前头去了!"

此剧大获成功,尚小云更兴奋了。他根据新中国倡导的人人平等的说法,

Shang Xiaoyun 尚小雲

《墨黛》,尚小云饰墨黛 　　　　　　　　　《峨眉酒家》,尚小云饰谢小玉

取消了剧团中的"官中行头""私房行头"和"官中场面""私房场面"的制度,即使团长尚小云本人,也与剧团所有演员一样共同使用行头,共用化妆间。挣到钱,全买白面存着。到了年关,无论是主要演员还是跑龙套的演员,每人一份,没有区别。

这时,他继《墨黛》成功后,又推出《夜归》《太原双雄》《平阳公主》《血溅梨花阁》《峨眉酒家》等剧目。

第二节

失败的《洪宣娇》

尚小云一片沸腾的热血,在《洪宣娇》一剧的排演上被泼了冷水。

民间传说,洪宣娇是太平天国将领萧朝贵的妻子,也是太平天国的女将。她手提双刀,杀到性起,也会像男人一样解衣上阵,大战清军,是一名巾帼英雄。洪宣娇本名杨云娇,因为太平天国最高领袖洪秀全与她结拜为兄妹,民间就传成姓洪名宣娇了。

在当时"人民创造历史"的总体舆论氛围中,这个剧的中心思想应当说既与毛泽东1944年1月肯定的新平剧《逼上梁山》支持农民起义的观点相同,又可以体现尚派擅演侠女的风格特色,是一个一举两得的好选题。尚小云拿出了十足的劲头和全部心血,自筹资金,置办了全新的行头,亲自担纲洪宣娇,投入了排练。

然而这出戏内部试演后没有批准公演,原因只是一个:这是悲剧,它写的是农民起义的失败。

悲剧是把人生有价值的东西毁灭给人看。悲剧,更能承载思想和艺术的深度。西方从古希腊的命运悲剧(如《被缚的普罗米修斯》《俄狄浦斯王》《安提戈涅》《美狄亚》到莎士比亚的英雄悲剧(如《李尔王》《哈姆雷特》)再到易卜生的家庭悲剧(如《玩偶之家》),把人类深层次的问题揭露无遗,迄今推动着人类的反思与社会的进步,悲剧也成为一代又一代学者研究不尽的课题。

中国,严格讲是没有悲剧的国度。中国人生性不喜批评,不喜反面意见,喜欢皆大欢喜。勉强数出几个悲剧吧,如《窦娥冤》《桃花扇》《梁山伯与祝英台》《牡丹亭》《赵氏孤儿》《汉宫秋》《长生殿》《雷峰塔》等,最后都要来个皆大欢喜大团圆的结尾。

尚小云不谙此道,他在《洪宣娇》上的心血付之东流。

之后他编新剧的热情没有了,他开始了八年巡演。

第三节

八年巡演

1950年8月，尚小云带着他的剧团走出了北京，到1958年9月结束，开始了持续八年的全国巡演。他的足迹遍布18个省的城市、农村、工厂、部队。他这是换一个角度来践行共产党"为工农兵服务"的文艺方针。

在青岛，他们演出了《汉明妃》《墨黛》，两千人的剧院挤进了三千人。

在山东周村，剧院只卖站票和坐票，且不对号。每天开演前几个小时，两千多观众已把剧院挤满。

1951年春，尚小云率团到南京中华剧场演出，整整演了30天。最后一场，尚小云亲自登场，演了四个小时，最后多次谢幕，观众还迟迟不肯离去。南京人民对尚小云是厚爱的。

两个月后，南京文联第二次代表大会将尚小云聘为南京市戏曲改进委员会副主任，后又增补为南京市文联常委。在南京，尚小云两个儿子组织了宁京剧团，从尚小云剧团里独立出来，带着尚派风格，展翅飞向自己的新天地。

在东北，尚小云率剧团到了祖国边陲的伊春和鹤岗的林业局。演员们住的是透风的简易工棚，晚上睡觉连棉衣棉袄都不敢脱。在零下15摄氏度的露天地里，烧起篝火、点起汽灯为职工演出。就这样演出了二十多天。

尚小云在西安传授青年演员《昭君出塞》

尚小云在西宁与青海演员座谈

在佳木斯，市长赵云鹏亲任尚小云剧团演出工作委员会主任，将市里仅有的两辆车派给尚小云剧团用。尚小云是乘船从哈尔滨到佳木斯的。哈尔滨的码头工人知道尚小云在船上，非要见他，称不见他不装道具，见了他保证准时准点完成装货任务。尚小云闻讯出来与工人一一见面。这时天气大变，大雨突至，但工人们在大雨中突击装运道具，速度反而加快，最后让尚小云的船提前五分钟起航。

尚小云家乡南宫的人民来请他了。到了家乡,他下了车,步行与家乡人打招呼,走了好多里地,进入住地。对家乡人,他把票价从最高2.4元降到5角和4角。

《昭君出塞》,尚小云饰王昭君

中央军委组织赴朝鲜和赴沿海部队慰问团,赴朝慰问团总团长是贺龙元帅,赴沿海地区慰问团总团长是政务院总党组干事会副书记董必武。严寒季节,尚小云率团参加了沿海慰问团,一直演到第二年开春。他曾回忆说,他演的节目是"《昭君出塞》,台下的解放军压压察察看不到边。就坐在那,雪是越下越大。解放军是聚精会神。哎呀,我太感动了",结果他饰演的昭君一出场,一激动就跑了20个圆场。

1958年8月,为庆祝中国共产党第八次全国代表大会召开,首都戏曲界在6—9日连演三天大戏。尚小云拿出的节目是《四郎探母》,他亲自饰演萧太后。

1958年9月,十大元帅和十位大将及其他将军授勋了,授勋仪式后,在中南海怀仁堂要举办晚会。尚小云应邀参加演出。这天他拿出的节目是《梁红玉》。这次演出,周恩来总理亲自"把场"做提调。周总理亲切地把演员们一一引进化妆室,交代每个人的出场顺序,忙前忙后的,衣衫已被汗水湿透。到散戏后,本以为周总理已走了,不料他又来到了后台化妆间,与尚小云等演员一一道乏感谢。他还问尚小云年纪,尚小云说"五十七了"。周总理说:"己亥年生的吧,我是戊戌年生的,咱俩差一岁(注:周总理生于1898年3月5日,是年为戊戌年;尚小云生于1900年1月7日,按农历是己亥年腊月初七日)。这样年纪了,演得这样好,真是了不起啊!"周总理亲切的话语让尚小云终身感动。

到了这年10月的一天,中国人民志愿军最后一批部队从朝鲜回国,志愿军总部的官兵在司令员杨勇上将和政委王平上将的率领下到了北京饭店。在这里,周恩来总理设宴欢为他们洗尘,陪同的有尚小云等各界代表。席间,周恩来端着酒杯来到尚小云面前,向尚小云敬了酒。然后他问:"怎么样?既然是慰问最可爱的人,来唱一段如何?"从来不喝酒的尚小云,这时一口干了酒,爽朗地说:"好,来一段《梁红玉》里的'擂鼓战金山'吧。"尚小云走到台前,拉开他的"钢喉铁嗓"唱了起来,志愿军将领们掌声四起,把宴会气氛推上了高潮。

《四郎探母》,尚小云饰萧太后

《梁红玉》,尚小云饰梁红玉

《双阳公主》,尚小云饰双阳公主

一个月后,全国政协再次邀请尚小云到长安戏院演出《梁红玉》。在演出中,他不小心踩到了地毯的边沿上,滑了一跤。他站了起来,没有下台,而是忍住疼痛继续演了下去。观众的掌声响了起来,为他这种不屈不挠的艺术精神喝彩!

就这样,在1958年,他以连续三个月的精彩演出,为他八年巡演画上了一个圆满的句号。

第四节

投身大西北

　　八年巡回演出结束后,尚小云竟去了大西北的西安安家。他把自己的后半生献给了西北人民。

　　为何去了西安?当然与他在 1951 年和 1957 年到西安教学时陕西省文化部门对他的礼遇有关。这期间他在西安还收了一个徒弟、陕西戏曲研究院的演员马蓝鱼。马蓝鱼有一天问他,领导真的想请你来陕西,别在北京了,你来不来?尚小云断然说,你告诉他们,我想来。

　　1959 年 2 月,尚小云举家迁居西安。西安火车站上,陕西省西安市主要领导、文艺界代表数百人在站台等候。之后,尚小云被增选为陕西省政协常委。他主要的工作是担任陕西省戏曲学校的艺术总指导。到了 1961 年年底时,他一次即收陕西 8 个剧种、15 个文艺团体的 35 名演员为徒。

他热情地投入到戏校的教育工作,每天 5 点就起床,洗漱后即去学校,从学生们的起床跟起。就是到了晚上,学生晚饭后还会到尚小云家来。夫人王蕊芳会把白萝卜切成片,一人一片,学生们则围在尚小云身边边吃边听他讲故事。

这是多么温馨的一个大家庭式的学校哟。

培养学生中,最典型的莫若对周百穗的培养。周百穗曾充满感情地回忆:1960 年初,还在贵州文化艺术干部学校(即后来的贵州省戏曲学校,现在的贵州大学艺术学院)京剧班学习的十四五岁的周百穗,被选拔到位于西安的陕西省戏曲学校跟尚小云学戏。

在西安火车站,张大爷,即尚小云的秘书张静榕在等候着周百穗等几个女生及带队的张文琴老师。当天她们住进了陕西戏校。

第二天一早,张大爷便来带他们去见尚小云。

尚小云的家离戏校只有一二百米远,几分钟后便走到了。

他家里有一个挺大的庭院,院里边种着许多花,进门的左右两侧是围墙,进门对面是两排相对的平房。张大爷介绍,靠门这一排是住房及厨房、餐厅等,对面一排是先生住房和客厅。在张大爷的带引下大家走进了客厅。

这是周百穗从未见到过的最雅致、最精美的房间:客厅的正壁上,悬挂着一排放得很大的剧照,其中有《梁红玉》《王昭君》《乾坤福寿镜》《摩登伽女》……大家不由自主地停住,欣赏起这些剧照来。客厅四周还有红木雕花家具及古董架,古董架上摆着许多玉雕、木雕、石雕的工艺品。整个房间的陈设布置,不仅使人感到一种华贵,更使人感到主人文化素养及高品位的鉴赏能力。

尚小云从屋里走了出来。他中等个子,穿一身近乎对襟的中式服装,脚下是一双布底鞋,头发虽然白了许多,但发式却明亮光洁,富态的脸上是一种慈祥的微笑。随尚先生走出来的还有光头青年、三哥尚长荣,两位中年妇女,一位是夫人王蕊芳,另一位是夫人的姐姐七姨。

学生们向尚小云及家人行礼后入座。尚小云问大家吃住还习惯吗?这时周百穗嘴快地讲起昨天在宿舍遇到臭虫的事,尚小云哈哈大笑,一下就喜欢上了这个心直口快的小女孩。他说:"你们走了这么远的路,辛苦了。今天,我请你们到西安最有名的老字号吃西安有名的羊肉泡馍。吃完饭,我们再仔细商量学戏的事。以后,我就在这里给你们说戏,有什么事,有什么要求,尽管给张大爷说,这里就是你们的家。"

开始学戏了,上课前,张大爷先讲要求:"跟先生学戏,有个规矩,那就是学戏时不能坐,必须规规矩矩地站着学,任何人来学戏都必须遵守这个规矩。"这是传统科班传下来的做法,这个规矩一讲,让学生马上感到老师的教学是严肃认真的。

再走进尚小云的屋子,大家看到的是极其严肃的与昨天和蔼可亲的老师判若两人的尚先生。大家都紧张起来。只有周百穗得到了"格外"的关照——尚小云走到她面前,拍拍她说:"你最小,以后我就叫你小百岁了。"

苦练从此开始:学念白、唱腔时,一站就是三四个小时。由于中途没有其他活动,有时手和脚都会发肿。学唱、念之外的时间,全部用来练功,上午、下午、晚上一天三遍,从不间断。

周百穗学的第一出戏是《昭君出塞》,圆场是这个戏的重要基本功之一。练跑圆场时,扎上大靠,要跑得靠旗只飘不动。每次在练功室或在屋顶平台上跑圆场时,一跑就是几十圈,休息一下又是几十圈,一遍功下来,靠从里湿到外。

学员每天还有两小时的文化课。有一天,文化课开始了,独独不见周百穗。老师叫学生去找,最后在屋顶的平台上见她穿着一身被汗水浸透了的大靠靠在墙边睡着了。为此,老师对她一顿狠批,周百穗委屈地哭了。

尚小云很快知道了这件事,第二天上课时他说:"昨天小百岁误了上文化课,这不好,老师也批评她了。但我希望你们大家要向她学习,学习她这种苦练的精神，抓紧时间自觉的练功。现在，小百岁的圆场进步最大，这是怎么来的？是每天用汗水把大靠湿透换来的。只有这种苦练，你们才能学好尚派。"听了尚先生这话，周百穗喊了声："先生……"眼泪便滚滚而下，什么委屈都没有

尚小云在教学生身段表演

了。她此后不但刻苦练功，也没有再耽误过文化课。

尚小云的教学是严格的，严格到脾气极大。周百穗是尚小云最喜欢的学生，却也被先生怒斥过。

一天，又有外省的学生入校了，她们来得晚，跟不上的地方就由周百穗教她们。这天上午，周百穗刚教了她们《失子惊疯》的水袖，下午同学们就一同到尚小云家，听他说《失子惊疯》。尚小云在讲解时，有一个晚进校的学生悄悄向周百穗做表情与手势，意思是她教的与尚先生教的一样。出于礼貌，周百穗同样做出手势表示懂她的意思了。不想学生的小动作被尚小云看见了，他立即停止了说戏，用非常严峻的目光瞪着周百穗，用不太大声但却是异常坚决的口气训斥说："我在这里认认真真地给你们说戏，你们这是在搞什么？有学戏的样子没有？不想学戏，就不要到我这里来。"说完一扭头，气呼呼地回屋里去了。

顿时，大家全都吓傻了。周百穗站在那里，全身发抖，想哭，又不敢哭出声，却无法止住眼泪的流淌。

不一会，尚长荣尚三哥出来了，张大爷也出来了。上午看见周百惠给学友教戏的老师以及那位学友把事情的原委告诉了三哥和张大爷。听后，三哥和张大爷走到周百穗身边，拍着她的头叫她不要哭，说他们就去给尚小云解释。这时，周百穗才哭出声来："三哥，张大爷，我要学戏，我要跟先生学戏，我会好好

学戏的……三哥,张大爷,我要学戏……"

周百穗一个人哭了好久好久。

终于,张大爷来了,牵着她的手,带着大家走进尚小云的屋子里。周百穗跟着张大爷,头也不敢抬,站在了尚小云面前。

尚小云开始讲话:"不是我脾气大,我是为你们着急。你们今天能跟我尚小云学戏靠什么?靠政府、靠组织、靠领导,说来你们就来了,什么都不用你们自己张罗打点,到了有人接,来了有地方住,练功有练功室,有靠,有水袖,有刀枪把子,每天还有我给你们一句唱腔一句唱腔地教,一个身段一个身段地走,这么好的学习环境,我一辈子都没有享受过,我羡慕你们呀,可你们却不知道珍惜!你们知道我们从前想跟师父学戏有多么难吗?你们不知道,这些事,跟你们讲几天几夜也讲不完。以前要学戏,请客,送礼,拜师自不必说,好多艺术上的绝活、诀窍,师父是不教的,要学,只有在师父演出的时候仔细地看,然后再自己琢磨,自己练,即便是那样,我们对师父也是毕恭毕敬的。因为师父毕竟是师父,他毕竟在给我们传授本领和知识。中国不是有句古训说:'一日为师,终身为父'吗?!我们小的时候,差不多每个人家里的神龛上供的牌位都写有'天地君亲师',牌位上的师也就是老师,师父。没有老师的传授,学生哪来的知识和本领?!你们当学生,首先要学会尊师,学会做人,学会尊敬别人的劳动,你不会做人,不会尊敬人,也就得不到别人的尊敬!"

尚小云稍微停顿了一下,再问:"你们谁读过《三字经》?"

大家都摇摇头。尚小云接着说:"《三字经》中有这么两句话:'子不教,父之过,教不严,师之堕。'意思是说,如果教育不严,就是老师的失职。你们都知道,尚派艺术是中国京剧四大流派之一,为了尚派和京剧的发扬光大,我对每一个来向我学戏的学生都会严格要求,因为我相信中国的一句古训,严师出高徒。我严格、严厉,是希望你们都能成才,将来都能成为艺术家,成为尚派艺术的传人。"

尚小云的火发完了，说："小百岁，过来。"

周百穗低着头，小步小步地挪到尚小云身边。尚小云拉着她的手说："我知道你是个刻苦、好学、爱强的孩子，但你要懂得，要有尊师，才有爱徒。"周百穗慢慢地抬起头，看着尚小云，说："我知道了，我会记住今天的事，记住先生的话。"

这时尚小云说："去，洗个脸，我们接着往下说戏。"

这场风波就这么过去了。

学业结束时，有汇报演出。周百穗演出的剧目是《昭君出塞》。

这天，尚小云把周百穗叫到他家，把夫人王蕊芳又叫了来。然后，尚小云从箱里拿出自己演出《昭君出塞》穿的服装和斗篷，在周百穗身上比了比，对夫人说："要汇报演出了，把这服装和斗篷改小一点，给小百岁穿。"

周百穗忙说："师娘，不用改，戏校准备的有服装的。"

尚小云说："戏校的服装我去看过，你个子小，那服装你穿着不合身，另外，面料、刺绣、色彩都没有我这件好。"

"先生，改小了以后您就不能用了，太可惜，我就将就用戏校的那身服装吧。"

尚小云看了她一会儿，然后轻声地说："作为一个演员，台下多年积累，闪光的就是台上的那一会儿。平时生活里可以将就，但是在舞台上必须讲究。何况《出塞》唱、做并重，趟马、翻身、射雁、卧鱼……服装不合身，既不好看，也不好表演。"说完他对王蕊芳说："照我说的，按小百岁的身材改吧。"

尚小云说完便到另一间房子里去了，王蕊芳拉过周百穗，量起了身材尺寸，再把尚小云的服装铺在桌面上，画上画粉……

汇报演出开演了，光省长就来了三位。一步跨出二道幕的周百穗是那么精神，那么抢眼。斗篷、马鞭、翎子、水袖样样都顺手，圆场、翻身、射雁样样都自如。掌声响得好热烈！

要照相了，尚小云把周百穗拉到三位省长的中间，自己却退到了边上。闪光灯一闪，小演员周百穗一生中最美好的时光定格了。

周百穗汇报演出后，与六位小演员一同，正式向尚小云行了拜师礼。小演员们经过尚小云一年的培训后，回到贵州京剧团，成了剧团的台柱子。

1991年，周百穗演出的《失子惊疯》获全国中青年京剧演员电视大赛荧屏奖。

1995年，她演出的《失子惊疯》获全国中老年戏曲会演牡丹奖（最高奖）。

《游园惊梦》，尚小云饰杜丽娘

第五节

以苦为乐度人生

尚小云把自己的一切都献给了大西北,包括把自己珍藏了半个世纪的字画、玉器共 66 件,无条件捐献给了陕西省博物馆。这些藏品,一般读者也许不懂,不感兴趣,但相信文学艺术界有不少人是懂的,内行的人一看这些藏品的目录就能感到其分量,所以我将它们列表如下:

尚小云捐献的名人字画、玉器目录(66 件)

1.(宋)宣和画鹰图条幅

2.(宋)赵千里青山绿水图条幅

3.(元)唐棣飞琼图条幅

4.(明)冷谦人物图条幅

5.(明)金圣叹行书条幅

6.(明)海瑞草书条幅

7.(明)杨继盛行书条幅

8.(明)史可法行书条幅

9.(明)倪元璐行书条幅

10.(明)董其昌书法条幅

11.(明)张瑞图行书条幅

12.(明)唐寅荷花图条幅

13.(明)赵左雪景图条幅

14.(明)赵左设色山水图八开条屏

15.(明)周之冕八哥树林图条幅

16.(明)周之冕翎毛花卉图条幅

17.(明)蓝瑛山水图条幅

18.(明)徐渭花卉二乔图条幅

19.(明)徐渭画鹅图条幅

20.(明)谢时臣山水图条幅

21.(明)八大山人草书条幅

22.(明)戚继光行书条幅

23.(明)陆治石壁图条幅

24.(明)刘珏山水图条幅

25.(明)陈星海秋林读书图条幅

26.(明)黄钺岁朝清供图

27.(清)董诰灵岩山图条幅(1)

28.(清)董诰灵岩山图条幅(2)

29.(清)石涛山水图条幅

30.（清）石涛山水图册页十二条

31.（清）陈洪绶人物图条幅

32.（清）新罗山人花鸟图条幅

33.（清）张崟万松图条幅

34.（清）高其佩观瀑图条幅

35.（清）潘恭寿寒江独钓图条幅

36.（清）潘恭寿仿宋山水图条幅

37.（清）翁寿如雪景图条幅

38.（清）李永之金山寺景图条幅

39.（清）边寿民平安图条幅

40.（清）钱坫篆字条幅

41.（清）金农漆书对联

42.（清）邓石如隶书对联

43.（清）郑板桥隶书对联

44.（清）瑶华道人山水图十二开册页

45.（清）瑶华道人山水图大十二开册页

46.（清）顾见龙李笠翁小像

47.（清）顾见龙圣贤十开册页

48.（清）吴履仕女小照

49.（清）李鱓五松图

50.（清）金农达摩像图

51.（清）邓石如隶书条幅

52.（清）潘思牧烟雨图

53.（清）李世着倬观瀑图

54.（清）沈铨桃花树林图条幅

55.(清)黄慎树荫三马图

56.(清)黄慎太白饮酒图

57.(清)黄慎梅花图条幅

58.(清)顾鹤庆蕉山秋霁图条幅

59.(清)方观承行书八开册页

60.(清)宋葆淳鸳鸯图条幅

61.王梦白楼台图条幅

62.齐白石钟馗图

63.清御赐折扇两匣(算两件,每匣二件)

64.汉白玉玉圭一件

65.汉白玉玉璧一件

1962年,陕西西安电影制片厂将他的代表作《昭君出塞》《失子惊疯》拍摄为戏曲艺术片,还拍摄了《尚小云的舞台艺术》纪录片。1962年这年,尚小云还赴山东讲学,这使他留下了一篇《我赴山东教学的讲稿》。这篇讲稿是他对京剧艺术基本原理的分析和总结。比如,在"四功五法"的表述中,尚小云明确指出五法为"口、手、眼、身、步",将"口法"列于京剧表演的五法之首。尚小云是程砚秋以外唯一如此明确、系统阐

《昭君出塞》,尚小云饰王昭君

《昭君出塞》，尚小云饰王昭君，萧盛萱饰王龙

《昭君出塞》，尚小云饰王昭君，尚长春饰马童

《失子惊疯》，尚小云饰胡氏，尚长麟饰寿春，方英培饰林鹤，田荣芬饰书童

《失子惊疯》尚小云饰胡氏，尚长麟饰寿春

《失子惊疯》，尚小云饰胡氏，尚长麟饰寿春

《失子惊疯》，尚小云饰胡氏，尚长荣饰金眼豹

述的京剧艺术大师。

  1964年1月，陕西省京剧院成立，尚小云出任第一任院长。陕西省京剧院当即成了全国五大京剧团体之一。在当年全国京剧现代戏观摩演出大会上，陕西省京剧院推出的剧目是《延安军民》。这是根据陕西作家杜鹏程长篇小说《保

卫延安》改编的,艺术总指导就是尚小云。第二年,京剧院还排出了《秦岭长虹》。这是一出以五十年代修建宝成铁路为背景的现代戏。当时中央书记处候补书记、中共中央办公厅主任杨尚昆看了这出戏说:"我认为这个戏非常好,是第二出《红灯记》。"

应该说,尚小云的艺术成就,到了1964年时,达到了顶峰。

尚小云在革命戏剧的路子上不断探索前行时,"文革"却突然而至。

"文革"开始时,他解放前丰富的人生被定性为复杂的历史问题。

他被抄家。他多年搜集的戏曲文化瑰宝《九宫大成》《集成曲谱》《遏云阁》顷刻之间被少不更事的造反派抄走。他真的欲哭无泪,投诉无门。

大批判开始时,他与西安市戏曲学校的副校长、著名京剧演员徐碧云(男旦)常在一起批斗。每次会开来一辆大卡车,造反派四个大汉上来,一架就把他架上了卡车。到了批斗现场,造反派知道他功夫好,就让他站到三张垒起的桌子上,胸挂一张沉甸甸的大牌子。徐碧云的身体很虚弱,经不住脚踢。每逢这时,先上了车的尚小云都要回过身来,伸手拉他一把。造反派看到了,立即大声呵斥。尚小云不管,下次遇到同样的情况,他照样伸出手来。滑稽的是,每次批斗会后,造反派会给他三分钱。他改不了爱吃甜的习惯,他会用一分钱买咸菜,两分钱换白糖兑开水喝。

当然,原来很有艺术品位的宅子是住不成了,尚小云一家被扫地出门,挤在一间小屋,每月只有36元生活费。三个碗、六根筷子是他们的全部家当。他的工作是,每天一个人推着小车清理八栋楼的全部垃圾。他倒乐观,推垃圾车时,看看四周无人,就会停下小车跑几圈圆场,操着大扫帚练一段功夫,吊一会儿嗓子。他对关心他的人说:"我不练练不行啊,否则会待坏的。"有一次,他的弟子孙明珠也躲到一块坟地边练功。正当她冲着墙吊嗓子时,一辆架子车停在了她的身后。"少喊'咿'多喊'啊'!"一个熟悉的声音在说,说完人也没停拉着车就走了。她回头一看,是一个穿着满是补丁的大棉袄、大棉裤,扎着围脖的老人,这是她的师傅尚小云呀,她热泪滚滚。

有时候孙儿送饭来时,看到尚小云这个样子,流下了眼泪。但他反过来劝他说:"不要悲伤。我相信共产党能纠正大跃进、浮夸风的错误,照样能纠正'文革'错误。有错必纠,是共产党的传统。"

后来,他的事情让周恩来总理知道了,在周总理关怀下,他不再需要"劳动改造"了。他的生活改为每天进公园。他一进公园先踢腿,一直要把这个腿踢到他想要踢到的地方。然后就跑圆场。自己跟自己较劲地跑,他说:"等我解放了,我第一出戏就唱李铁梅!"

工宣队进驻剧团后,开始给每个人下政治结论。给尚小云的结论是:"敌我矛盾,按人民内部矛盾处理。"他愣在了那里,无语。

更奇葩的是,有一次尚小云的儿子尚长荣参加《智取威虎山》的演出,扮演主要角色贫苦的工人李勇奇。临上台前,工宣队竟在演出后台召开临时批斗会,把尚小云叫来,站到尚长荣化妆桌旁开始批斗……

1974年,他来北京治眼疾。他先住在亲戚家,但那里是"样板团"宿舍,不许他住。幸亏有个已退职的同事吴素秋,她曾与尚小云合作唱戏,有师生情谊,她把他和夫人接到自己的家里吃住,算是解了当下之急。

1976年1月,周恩来总理去世,这对尚小云是一个沉重的打击。他知道,是周总理亲自关心过他的情况,他才以摆脱了"劳动改造"的体力活。他放声痛哭,竟哭得昏死过去。他醒来后,吩咐家人设灵堂祭奠。

他一直相信周总理会最终出面解决他的问题的。周总理的去世,让他精神一下垮了。

1976年3月,尚小云因胃疼住院抢救。后来他的眼疾白内障与肾疾日趋严重。他自知不久于人世,把身后事对夫人王蕊芳和秘书张静榕交代。《尚小云的卖身契与遗嘱》一文里是这样记载的:

（一）西安算我的第二故乡。我对古都西安和三秦人民，很有感情。我愿在西安升天，不愿在北京病故。这也算生为西安人，死为西安鬼；

（二）我出师小有名声后，依靠登台献艺，原本有些积累。可惜为办荣春科班倾家荡产，还拉了外债。我没有什么遗产留后世子孙，留的倒是我的坎坷经历与艺人在新旧社会的对比。我认为，后者比万贯家产更重要。如此，可以做到爱党之心不动摇，爱国之心不动摇，爱民之心不动摇；

（三）京剧界和其他文艺单位有我不少朋友，目前情况下，友人们的处境比我好不了多少。我死后，不许告诉朋友，免得给他们愁上加忧；

（四）我的门徒不少。唐代韩昌黎感于李氏子蟠不受时俗限制、求师心切的风尚，作《师说》相赠。我给学生的赠言，就是"业精于勤"古训。真正尊敬我的学生，是那些勤学苦练，信奉艺无止境的有志者。凡吾学生，只要艺德高尚，服务人民，技艺出色，我在九泉之下，也很放心；

（五）现今我的声誉不好，（平生）价值半斤八两，大家心中有数。人贵有自知之明。鉴于我的功过是非，死后不开追悼会，丧事从俭，不要铺张浪费。

家人尊重他的意愿，将他护送回了西安，住进了西安第一人民医院。他叮嘱秘书："凡友人来信，一一回复。请朋友记住鲁迅的名言：伟大的心胸，应该表现出这样的气概——用笑脸迎接悲惨的厄运，用百倍的勇气来应付一切的不幸。"

1976年4月19日，尚小云与世长辞。他临终前最后一句话是："惜天不假年，遗恨多多。"

他的子女和一个跟他多年的老秘书，护送他走完人生的最后一步。推车出了病房，送入太平间的路上，住院病人及其家属早已主动聚集在楼道两侧，这些素不相识的人，却也是真正的人民，送了尚小云最后的一程。

四年后，1980年9月，中央文化部决定将尚小云骨灰移入八宝山革命公墓，并决定召开隆重的追悼会，为尚小云平反昭雪。

追悼会在10月30日召开，习仲勋、刘澜涛、王昆仑、赵守一、贺敬之等与各界人士800人参加，陕西省文化局局长鱼讯等专程从陕西护送尚小云的骨灰到京。当天送花圈的有邓小平、邓颖超、习仲勋、宋任穷、杨尚昆、彭真、乌兰夫、刘澜涛等。

文化部长周扬主持追悼会，副部长周巍峙致悼词。尚小云一生演过数百出剧目，塑造了几百个栩栩如生的艺术形象，但他自己闪耀着人格光辉的形象，姗姗来迟，但最后矗立了起来。

2010年，在尚小云诞生110周年日子里，尚小云纪念馆在南宫市落成。

2015年11月，在尚小云诞辰115年的年份里，河北省尚小云艺术研究院、河北省文化艺术基金会与南宫市委、市政府联合组织拍摄的电视片《京剧大师尚小云》开机。2018年1月，在尚小云诞辰118年之际，总投资十亿元的尚小云大剧院在他的家乡南宫市奠基开工。

一位著名票友南铁生先生有过一段议论。他说："四大名旦里，梅（兰芳）、程（砚秋）的生活待遇，自不用说。荀慧生留了个心眼儿，给自己保住了一所房子。只有尚小云，他可真顾前不顾后呀，把私产处理得干干净净，连一条后路都没留。到后来自己无容身之处，满目萧然。"

这番话，是尚小云一身风骨的写照。

只是，也不尽然。尚小云留下的不是"满目萧然"，而是一个生命永不熄灭的尚派！为此，他拼尽了全力，耗尽了心血，"冀诸生能在菊苑占一席地，传先辈遗型于万一"使之能"垂诸久远"的夙愿，最后成真！

参考文献

[1]北京市政协文史资料委员会.京剧谈往录续编[M].北京:北京出版社,1996.

[2]秦华生.京剧流派艺术论[M].北京:京华出版社,2001.

[3]李伶伶.尚小云全传[M].北京:中国青年出版社,2009.

[4]吴宗麟,王佩林.尚小云先生二三事[J].中国电视戏曲,1996(1).

[5]周桓.尚氏一门[J].中国京剧,1996(6).

[6]李仲明.京剧名伶尚小云[J].民国春秋,1999(1).

[7]周百穗.我的师父尚小云[J].文史天地,2002(12).

[8]刘遵三.忆尚小云的《梅玉配》[J].中国京剧,2004(2).

[9]章诒和.尚小云往事——写给不看戏的人看[J].书摘,2006(4).

[10]西安电影制片厂1962年拍摄的纪录片《尚小云舞台艺术》。

[11]陈虎拍摄2009年拍摄的历史纪录片《子年北京:1900庚子年——战乱的城》。

后记

没有深入采访不敢称原创,只能写"编著"。

根据所收集到的资料,认真裁剪,以读者喜欢的视角精选写作角度,对历史事件多做考证,然后满怀崇敬地讲好故事,努力多普及京剧知识。这就是我在书里做的一点事。

我参考过的材料有几十个之多(包括视频资料),择主要的,列在文后。

对尚小云的子女的情况也补充一句:尚小云有一个女儿,三个儿子。女儿尚秀琴嫁给京剧演员任志秋。任志秋久随京剧著名老生大家谭富英演出,工旦角,在继承"尚派"艺术方面有一定成就,现已去世。任志秋之女任二娟也工旦角,现在北京京剧院工作。

尚小云的三个儿子为尚长春、尚长麟、尚长荣。尚长春工武生,尚长麟工旦角,如今都已去世。尚长荣工花脸,如今在上海京剧院担任主演。

长春先生有三子三女:长子尚继春,现为山西省京剧院主演,工文武老生;三子尚东辉,现为中国京剧院伴奏员;二子没有进入戏曲界。长女尚慧敏,现为佳木斯市京剧团主演，工旦角，继承乃祖"尚派"艺术极有成就；次女尚慧珠，现为中学物理教师；三女尚慧萍，现在中国戏曲学院附中工作。

尚长麟、尚长荣各有三子，除长荣长子尚大元毕业于北京戏曲学校、工老生外，其他都没进入戏曲界。即使尚大元，如今也已退出戏曲界，改经商业。

尚小云先生的夫人王蕊芳，则于1991年7月9日在北京逝世，享年85岁。

本书写到这里，挂一漏万在所难免，比如对一些著名弟子及子女如何培养，比如尚小云演过的一大批经典剧目，再比如他拒日本人高酬不去长春参加演出等都不及细写，所写的错误和不足也在所难免，欢迎批评指正。